L'ÉNIGMATIQUE CÉLINE DION

ISBN : 978-2-84563-413-8

Denise Bombardier

L'énigmatique
Céline Dion

essai

XO ÉDITIONS / ALBIN MICHEL

DU MÊME AUTEUR

La Voix de la France, Robert Laffont, 1975.

Une enfance à l'eau bénite, Le Seuil, 1985.

Le Mal de l'âme, en collaboration avec Claude Saint-Laurent, Robert Laffont, 1989.

Tremblement du cœur, Le Seuil, 1990.

La Déroute des sexes, Le Seuil, 1993.

Nos hommes, Le Seuil, 1995.

Aimez-moi les uns les autres, Le Seuil, 1999.

Lettre ouverte aux Français qui se croient le nombril du monde, Albin Michel, 2000.

Ouf !, Albin Michel, 2002.

Et quoi encore !, Albin Michel, 2004.

Edna, Irma et Gloria, Albin Michel, 2007.

Nos chères amies, Albin Michel, 2008.

La gloire est le deuil éclatant du bonheur.

Germaine de Staël

Cela a commencé par un coup de téléphone reçu un dimanche glacial de décembre 2006. J'ai reconnu la voix, rauque et douce à la fois, car nous ne serons jamais à une contradiction près avec lui : « Bonjour, madame, c'est René Angélil. » « Je sais », ai-je répondu en riant au plus célèbre gérant d'artiste et époux de la Terre. « Excusez-moi de vous déranger, je vous appelle pour vous demander si vous nous feriez l'honneur d'écrire une chanson pour le prochain disque de Céline. » À cette formule de politesse où la sincérité et la flatterie font bon ménage, on reconnaît un des traits de caractère de celui qui gère la carrière de la célébrissime chanteuse.

J'avoue que je suis restée bouche bée. J'écris des essais, des romans, mais jamais je n'avais songé écrire un jour une chanson, et en plus pour celle qui a atteint la popularité mondiale, Céline Dion. Davantage par défi que par conviction de réussir, j'ai accepté la proposition. C'est ainsi qu'est née

la chanson « La Diva » où il est question de l'identification de Céline à la Callas et qui se retrouve sur
le CD *D'elles* pour lequel on a fait appel à des écri-
vaines françaises et québécoises.

C'est au cours d'une longue conversation avec
la star québécoise après son spectacle à Las Vegas
quelques semaines plus tard, que j'ai découvert son
engouement pour Maria Callas. J'ai aussi été frappée par la ressemblance physique entre les deux
femmes. Et je me suis souvenue alors d'une remarque de la diva française Régine Crespin, que j'avais
interviewée quelques années auparavant pour la télévision canadienne. « Quel dommage, avait-elle dit,
que votre jeune compatriote Céline Dion n'ait pas
été formée pour l'opéra. Vous savez qu'elle a le registre de la Callas. » Aux yeux de Régine Crespin,
cette absence de formation classique pour une voix
si exceptionnelle constituait un sacrilège. Il faut
préciser que la conversion de Pavarotti et des autres
ténors en pop stars la désolait aussi et qu'elle les
jugeait sévèrement.

Je n'ai pas osé raconter l'anecdote à Céline Dion.
À quoi bon opposer devant elle la culture classique
et la culture populaire alors que, de nos jours, nous
vivons l'éclatement des barrières, des frontières et
des genres ? Ce qui m'a frappée au cours de notre
échange dans sa loge à Las Vegas où elle m'est
apparue si fragile dans son peignoir blanc, le visage

pâle et les traits tirés, c'est le contraste avec celle que j'avais vue sur scène une heure plus tôt, dynamique, énergique, si parfaitement en contrôle d'elle-même. J'avais suivi de loin en loin depuis vingt-cinq ans le parcours de l'enfant devenue une femme sous nos yeux, de la chanteuse locale propulsée au sommet en conquérant les États-Unis, donc le monde. Pour moi, cette trajectoire ne pouvait pas être seulement le fruit du hasard, de la chance et de l'argent, toutes ces explications simplistes, réductrices, qui sont une offense au talent, au travail, à la quête de la perfection qui la caractérisent. En l'observant, assise par terre, la tête appuyée contre le genou de son mari, j'ai compris que Céline Dion existait derrière la « Céline » que se sont appropriée ses fans comme ses détracteurs. J'étais face à une femme très intelligente, à la personnalité charismatique, curieuse de l'autre, consciente aussi de son statut de star. Une femme s'exprimant avec naturel tout en étant quelque peu sur ses gardes.

À vrai dire, je n'étais pas surprise. J'avais pris la mesure de sa notoriété le jour où, débarquant à New Delhi dans les années 1990, j'entendis chanter Céline en entrant dans le hall de mon hôtel. À travers le pays, en découvrant que j'étais sa compatriote, nombre de gens me parlèrent de Céline Dion, de sa merveilleuse voix, de sa gentillesse, de sa simplicité. Je fus, par la suite, plus attentive à sa carrière dont la fulgurance ne cessait de m'impressionner. Pour la première fois de son histoire, le Québec produisait une artiste au rayonnement planétaire. Connaissant ma société, je mesurais les efforts titanesques que cette enfant de Charlemagne, Québec, avait déployés sous la gouverne de René Angélil, le fils d'immigrants syriens qui se riait des obstacles et des frontières pour conquérir la Terre.

La chanteuse francophone qui a séduit les États-Unis, vendu le plus grand nombre de disques dans l'histoire de la musique populaire, plus de deux cents millions d'exemplaires, celle qui durant plus de cinq ans a donné 723 représentations à guichets fermés sur la scène du Caesars Palace à Las Vegas, capitale mondiale du show business, qui a rempli les stades aux quatre coins du monde avec les 135 shows de *Taking Chances* de février 2008 à février 2009, n'est pas une femme comme les autres. J'ai eu envie de comprendre sa prodigieuse réussite. J'ai souhaité partager sa vie en observatrice attentive mais réservée. Difficile tâche de résister au charme de Céline Dion dont le professionnalisme provoque l'admiration.

Avec l'assentiment du couple Dion-Angélil, j'ai parcouru la planète en compagnie de la troupe pour le Céline Dion World Tour, *Taking Chances*. Aucune contrainte ne m'a été imposée. Cet essai est une tentative d'analyse du phénomène social que représente Céline Dion. Et c'est en la voyant vivre et se produire devant des publics fervents auxquels elle se livre corps et âme que la célèbre phrase de Mme de Staël m'est revenue en mémoire. « La gloire est le deuil éclatant du bonheur. »

Dubaï, Émirats arabes unis, le 4 mars 2008

Quelques femmes, recouvertes de la tête aux pieds par un tchador, s'approchent de Céline, revêtue d'une robe moulante assortie à des chaussures aux talons outrancièrement élevés comme elle les aime. Nous sommes dans un des très luxueux centres commerciaux qui foisonnent sur ces quelques kilomètres de sable où les riches Occidentaux ont le sentiment d'être des défavorisés. L'excitation de ces femmes découvrant leur idole l'emporte sur leur réserve. « Céline, nous vous aimons », dit l'une. « Vous êtes comme nous », ajoute la plus âgée qui sort de son vaste vêtement noir un appareil photo. Céline s'immobilise, sourit et accède à son désir. Les femmes s'agglutinent autour d'elle et les gardes du corps, anges gardiens de la chanteuse, s'improvisent photographes.

« Vous êtes comme nous. » Cette phrase, je l'ai entendue sous toutes les latitudes. De Soweto en

15

Afrique du Sud à Melbourne en Australie. De Séoul
en Corée à Helsinki en Finlande. De Pékin en Chine
à Prague en République tchèque. L'identification de
millions de gens à la chanteuse québécoise semble
abolir les frontières et les différences culturelles.
Céline Dion réussit cet exploit incomparable de
donner le sentiment au public, et pas uniquement à
ses fans, qu'elle est comme tout le monde. Qu'elle
partage les mêmes préoccupations, les mêmes joies,
les mêmes peines, qu'elle vit de la même manière
qu'eux. Le plus paradoxal est qu'elle ne ment pas.
Dans une certaine mesure, elle croit sincèrement
qu'elle est comme les autres. Je l'ai entendue dire à
un journaliste, à Londres : « Vous savez, quand je
prends un taxi et que je me promène dans une
ville… » Or, depuis nombre d'années, la chanteuse
ne se déplace qu'en limousine avec gardes du corps
et, souvent, escorte policière. Comment la star planétaire, la « mégastar », réussit-elle à ne pas être
dénaturée par cette notoriété qui fait d'elle un être à
part ? Comment parvient-elle à garder la tête froide,
à s'intéresser aux autres, à s'inquiéter de leur sort et
à résister aux pièges de la flatterie courtisane comme
j'ai pu le constater au fil des mois ?

Pour tenter de comprendre la trajectoire de Céline
Dion, cette femme au faîte de la notoriété qui séduit
des fans enfiévrés, commande l'admiration et provoque des critiques au vitriol, je l'ai donc accompagnée dans son périple. Je l'ai vue chanter devant

des foules électrisées en Afrique du Sud, perdre la voix en Australie, éclater de colère à Brisbane après un spectacle où elle était déçue d'elle-même. Je l'ai sentie d'une extrême émotion lors de la remise de sa Légion d'honneur à l'Élysée et devant un aréopage d'universitaires de l'université Laval de Québec, dont un certain nombre plus que réservés à son endroit. Je fus témoin de son prodigieux talent à les ébranler et les émouvoir dans son discours de remerciements pour le doctorat *honoris causa* qu'on venait de lui remettre. Enfin, je l'ai vue sur la défensive devant des journalistes qui tentaient de lui en imposer et j'ai perçu à quelques reprises une sorte de rage bien enfouie derrière l'image parfois trop lisse et trop parfaite.

Ce livre est une réflexion sur un parcours de vie singulier, celui d'une fillette de douze ans, peu scolarisée, habitant la petite ville de Charlemagne au Québec et qui est devenue, en moins de vingt ans, une des chanteuses les plus adulées au monde, la seule francophone à s'être jamais imposée sur la Terre entière. À l'heure où les personnalités politiques s'inspirent des rock stars, quel est le pouvoir d'une star du show business ? Céline Dion est plus qu'une chanteuse à la voix exceptionnelle dont on apprécie ou pas le répertoire, elle est entrée dans l'imaginaire collectif en devenant une icône de la société moderne surmédiatisée.

Dubaï, Rugby Club, le 5 mars 2008

Branle-bas de combat dans les loges avant le spectacle. Encadré par des gardes du corps en djellaba, la tête recouverte du keffieh blanc et rouge, un groupe de jeunes femmes, jean ajusté au corps, T-shirt griffé, sac Vuitton à la main, montre en or sertie de diamants au poignet, pénètre dans un salon improvisé attenant à la loge de Céline Dion. « Je suis si nerveuse », me dit la plus agitée. Je me renseigne. Il s'agit des princesses de la cour de Jordanie venues assister au spectacle de leur idole. Les minutes passent. Céline se fait attendre comme à son habitude, ce qui a pour effet de faire monter la tension dans la pièce. La fébrilité est un élément essentiel de l'attente de la star, qu'il s'agisse du pape, du président des États-Unis, de la reine d'Angleterre ou d'une diva. Les jeunes femmes échangent entre elles en arabe et en anglais, et sourient discrètement aux membres de l'entourage de la chanteuse, habitués à cette mise en scène. Céline enfin apparaît, précédée de Nick, un des gardes du corps. L'après-midi même, elle s'est fait confectionner une longue robe traditionnelle arabe jaune pâle, rehaussée de délicates broderies dorées aux manches et sur le corsage, qu'elle porte avec élégance. En l'apercevant, les membres de la famille royale retiennent un cri de surprise, visiblement charmés. Céline prend l'initiative des échanges protocolaires et réussit en quelques secondes à détendre l'atmosphère guindée qui règne dans la pièce. Comme toujours, elle impose le ton, répond gracieusement aux amabilités, ose quelques blagues inoffensives, et la cour de Jordanie en redemande. Une des princesses, pantalon noir et blouson de cuir, la complimente même sur sa tenue. C'est le monde à l'envers. Ce soir-là, la plus « princesse » était sans conteste la quatorzième enfant de Thérèse Duguay et de feu Adhémar Dion, ces parents célébrés par leur fille, coqueluche des grands et des têtes couronnées de ce monde.

L'histoire de Céline Dion, plusieurs fois racontée, est de celles que l'on retrouve dans les contes de fées. Sa famille de quatorze enfants typique du Québec traditionnel qui a battu des records de natalité en Occident il y a cent ans incarne des valeurs aujourd'hui démodées, tels le respect de l'autorité parentale, la solidarité fraternelle et l'entraide. Chez les Dion comme dans nombre de foyers d'antan, la mère toute-puissante domine et impose sa loi. Céline est la digne fille de sa mère ; elle a dépassé les rêves que cette dernière avait conçus pour elle. Mais cette famille nombreuse est aussi atypique. Aucun enfant n'a fait d'études prolongées, contrairement à ce qui se passait dans les familles jadis nombreuses et pauvres, lorsqu'un ou deux enfants, des garçons évidemment, étaient envoyés au séminaire ou suivaient des études classiques grâce à l'aide du clergé ou de notables généreux. Ces enfants instruits faisaient la fierté de leurs parents peu scolarisés. Chez les Dion, la passion de la musique héritée des parents a supplanté la nécessité de la scolarité. L'important était de savoir jouer d'un instrument et de chanter, si bien que la famille avait l'allure d'une chorale et d'un orchestre. Le vieux dicton de la catholicité québécoise : « Une famille qui prie est une famille unie » était devenu dans la maison de Charlemagne : « Une famille qui chante et joue de la musique est une famille unie. » Mme Dion avait suffisamment fait son devoir en mettant au monde tous les enfants que le bon Dieu lui envoyait pour se donner le droit de s'amuser et d'oublier la prière.

Céline a hérité d'un talent vocal devant lequel s'inclinent même ses plus féroces détracteurs et a permis à sa mère, incarnation vivante de la mère traditionnelle québécoise, de briser les chaînes qui avaient retenu cette femme surdouée, ambitieuse et déterminée. Lorsque Céline a eu trois ans, Thérèse a su que l'enfant qu'elle n'avait pas voulue et qu'elle avait mise au monde par devoir, car jamais elle n'aurait eu la tentation de supprimer la vie qu'elle portait en elle, que sa dernière enfant ne ressemblait à nul autre. Cela expliquerait-il que les échecs scolaires de la fillette qui déteste l'école l'aient si peu affectée, alors qu'elle-même rêvait d'être instruite, et qu'elle n'ait pas tenté de lui faire vivre une vie d'enfant normale, constituée de fréquentation scolaire assidue, d'horaires et de règlements ? Céline restait debout jusque tard dans la nuit à chanter avec ses frères et sœurs, si bien qu'en classe l'écolière n'arrivait pas à suivre les leçons. Les enfants se riaient d'elle, surtout lorsque, surmontant sa timidité maladive, elle leur affirmait qu'un jour elle deviendrait une chanteuse célèbre.

Comment être surpris que la petite Céline, choyée par sa fratrie, adulée par ses parents, vivant entourée de ces adultes bruyants et joyeux, et consumée déjà par ce besoin de se dépasser, soit parvenue à surmonter les railleries cruelles des enfants de son entourage et à vivre en marge d'eux ? Chanter est vite devenu sa raison d'être, et l'approbation des adultes qu'elle aimait lui servait de miroir.

Si la dernière grossesse de Mme Dion l'avait plongée dans une rage difficilement contrôlée, cette femme a le don de négliger les contrariétés et les déceptions. Ne tentez pas de lui faire admettre que sa vie de pauvreté et de soumission à la morale catholique fut celle d'une victime. Thérèse Dion a toujours refusé ce statut que beaucoup de femmes modernes appliqueraient à sa condition. Jamais elle n'a succombé à la tentation de jouer à la victime, ce qui explique sans doute qu'elle ait conservé intacte sa capacité de surmonter les épreuves de sa dure vie. Grâce à Céline dont elle prend l'avenir en main, la mère de famille redevient une femme libre et c'est à travers sa fille qu'elle s'affranchira enfin et rêvera de nouveau. Céline apparaît comme le tremplin de sa propre émancipation. Elle l'a mise au monde contre sa volonté mais cette dernière enfant, qui passera sa vie à se faire désirer, la fera renaître. Pour cela, Thérèse Dion dépouille les oripeaux maternels et se transforme en agent professionnel de la fillette miracle. Il s'agit paradoxalement d'une libération de la mère par la fille. Certains diront que c'est un poids trop lourd à porter pour une enfant de douze ans. Mais le destin de Céline Dion échappe à tout critère de normalité.

Dans la famille Dion, quelques enfants, Claudette, Ghislaine, Michel ont manifesté jeunes des talents particuliers de chanteurs, mais c'est en Céline que la mère a reconnu l'enfant prodige. Bien qu'elle affirme aimer tous ses enfants pareillement – toutes

les mères se ressemblent à cet égard –, Thérèse
Dion retrouve chez la benjamine des traits de son
propre caractère. Et surtout, elle pressent ce don
singulier qui conduira un jour son « bébé » au sommet de la gloire. Consciente des embûches et des
pièges attachés au monde du show business, elle
cherchera et découvrira un allié pour projeter
Céline sous les feux de la rampe. C'est ainsi que
la mère et la fille se retrouveront un jour dans
le modeste bureau de René Angélil, un gérant
d'artistes en quête de travail, anciennement chanteur bellâtre d'un groupe de rock, Les Baronets,
qui a connu sa petite heure de gloire dans les
années 1960.

Ce jour-là, en entendant chanter l'enfant, René
Angélil a compris qu'il venait de croiser son
propre destin. Il a saisi aussi qu'il lui fallait impé-
rativement composer avec la mère. L'incontournable
Thérèse Dion s'imposerait à lui. Le joueur René
Angélil saura s'incliner. Mais ce dernier, de par sa
culture, possédait cet atout de connaître l'univers
féminin.

Né à Montréal en 1942 de parents syriens de
confession chrétienne, René Angélil est élevé dans
un milieu modeste et dans le respect des valeurs
familiales, comme chez les Dion. Le jeune garçon
est entouré de femmes qu'il vénère et admire, sa
mère au premier chef mais aussi ses tantes et sa

grand-mère. Ce culte des femmes lui vaudra sans doute son indéniable succès auprès d'elles. Cette intimité avec le monde féminin explique aussi le parcours quasi sans faute de sa relation à Mme Dion. En gagnant la confiance de Thérèse Dion, il l'a convaincue de sa capacité à faire de l'enfant une chanteuse à la hauteur de ses rêves. Thérèse Dion a deviné en lui l'homme qui déteste perdre, au jeu, dans les sports comme dans la vie. Et elle a perçu que sa propre foi en sa fille était partagée par ce ténébreux aux manières affables. Séducteur, René Angélil va déployer tous ses talents, user de patience et ronger sans doute parfois son frein pour ne jamais froisser ni décevoir sa farouche alliée, protectrice et gardienne de sa précieuse fille. Le parcours professionnel sans faille de Céline Dion repose d'abord sur ce couple insolite Thérèse Dion-René Angélil. Aujourd'hui encore, le respect que René Angélil porte à la vieille dame demeure teinté d'une sorte de crainte. Car il est le seul à saisir l'intensité des liens qui unissent les deux femmes.

Sans René Angélil, Céline Dion aurait-elle conquis la planète ? On pourrait reformuler la question à l'inverse. Pourquoi René Angélil a-t-il, à la manière d'un visionnaire, saisi que la petite fille gauche, au physique ingrat, à l'allure triste mais habitée par une voix inclassable qui la transfigurait quand elle chantait, représentait ce qu'il espérait lui-même de

la vie, c'est-à-dire la gloire, la richesse et le sentiment de puissance ? À quoi rêvait-il d'autre quand
à vingt ans il racontait à ses amis qu'il trouverait la
formule pour faire sauter la banque de tous les casinos de la Terre ?

Un soir de janvier 2009, dans l'avion qui nous
ramenait de Miami à Palm Beach après un
concert, Céline a posé en ma présence la question
à son mari : « Quand à douze ans j'ai chanté
devant toi dans ton bureau, as-tu imaginé qu'on
serait à Miami un jour ? J'étais pas belle, j'étais
maigre, je ne savais rien faire d'autre que chanter ». « C'est vrai, a-t-il répondu. Non, je ne pouvais pas imaginer ça. J'étais au bout du rouleau,
t'avais une voix avec de l'âme dedans alors j'ai
pensé que tu représentais la seule chance que ma
carrière de gérant redémarre. Avant de t'entendre, j'avais décidé de laisser tomber le show-biz
et de retourner aux études. »

Mme Dion n'a certainement pas pris conscience
qu'en confiant sa fille à ce Québécois au nom étranger elle entrait dans un univers culturel qui ajoutait
une dimension inattendue aux chances de réussite
de leur rêve commun. René Angélil a reçu en héritage les valeurs culturelles des chrétiens du Moyen-
Orient. On retrouve chez lui une vision du monde
qui ne tient pas compte des frontières. C'est un
nomade, en quelque sorte, qui ne subit pas le poids

de l'histoire du peuple québécois conquis et minoritaire, histoire qui s'est imposée jusqu'au milieu du
XXe siècle. Contrairement aux Canadiens français de
souche, comme ils se désignaient alors, il n'a pas
entendu à la maison cette phrase implacable et
déprimante : « On est né pour un petit pain » que
répétaient les parents québécois pour justifier les
défaites collectives, avec comme conséquence de
signifier aux enfants de limiter leurs rêves. Le repli
sur eux-mêmes des Canadiens français catholiques
afin de se protéger de l'étranger, avant tout
l'Anglais protestant, le jeune Angélil, tout francophone fût-il, y échappait. Quand on est un descendant des chrétiens du Moyen-Orient, on franchit les
frontières pour protéger sa vie, son pays est celui
qui nous accueille et on y prend racine tout en
conservant les siennes propres. Un René, appelons-
le Tremblay, aurait-il eu cette foi inébranlable exprimée inlassablement par René Angélil et qui faisait
sourire les interlocuteurs même les plus admiratifs
de sa jeune recrue ? « Céline va devenir la plus
grande chanteuse au monde. Elle sera Number One
aux États-Unis. » Sauf dans l'entourage immédiat,
tout le monde riait d'une telle énormité, répétée
durant des années. Il n'y avait pas que le joueur qui
s'exprimait de la sorte, il y avait le fils d'immigrants
originaires de Syrie et le fier Arabe.

Car aucune des frilosités québécoises n'habite cet
homme. Il appartient à la culture urbaine cosmopolite,

et bien que sensible à l'exotisme, il n'est dépaysé nulle part. C'est un grand avantage pour un négociateur. Son ambition irrépressible et, paradoxe absolu, une naïveté déconcertante en certaines circonstances ont facilité sa tâche dans la conquête américaine. Son rêve démesuré a pris corps d'autant plus facilement que sa protégée n'y opposait aucune résistance. Au contraire, chanter partout, pour toujours, tel était le désir de l'enfant qui autorisait ainsi que l'on sacrifie sa propre enfance.

En la retirant de l'école à douze ou treize ans, la mère et le gérant choisissent d'exclure Céline Dion de la vie normale. Comment ont-ils réussi à contourner la loi qui stipule l'obligation de scolarité des enfants jusqu'à seize ans ? En promettant un enseignement particulier qui s'est révélé difficile compte tenu des horaires de la fillette. Lorsque je pose la question à René Angélil, il demeure vague : « Céline a commencé à travailler tout de suite, c'était impossible pour elle de concilier les deux, ç'aurait été trop fatigant de se lever le matin pour aller à l'école. » C'est donc à l'école de la vie que l'enfant fait ses classes, entourée d'adultes qui se réalisent aussi à travers elle. Pas étonnant que, durant toutes ces années d'apprentissage du métier, elle ait répété avec application ce qu'on lui soufflait de dire. Une volonté acharnée de réussir en faisait une jeune fille obéissante, docile, soumise. Cette image de la petite Céline malléable a permis à ses féroces détracteurs de la représenter en victime du méchant loup René.

Assoiffée de succès, résolue à ne jamais décevoir sa mère et son gérant, l'adolescente ignore les états d'âme attachés à cette période ingrate de l'existence. Elle vit, de fait, dans un *no man's land*, sans âge, sans caprice, sans complaisance vis-à-vis d'elle-même, sans s'interroger sur la vie, le bonheur, l'amour. « Je ne questionne pas ma vie, je la vis », répète-t-elle encore sur un plateau de télévision, à Pékin, en avril 2008. Sauf qu'aujourd'hui on peut en douter. Mais dans la première étape de sa fulgurante carrière, Céline Dion s'est mise en retrait de la chanteuse, ce qui n'a pas été sans douleur par la suite.

René Angélil, en sacrifiant tout pour sa protégée, son temps, son talent, voire sa vie familiale déjà fragilisée, jouait lui-même sa vie. Au début des années 1980, pour l'homme à l'aube de la quarantaine, c'était un quitte ou double. Et il ignorait à n'en point douter que Céline devenant femme affirmerait des exigences qu'une forme de naïveté masculine face au désir féminin l'empêchait de voir. René Angélil, en établissant la relation professionnelle sur un mode qui excluait pour la jeune fille toute vie privée, lui pavait la voie vers une fusion amoureuse. En consentant à devenir le mentor, le gérant, le conseiller, le psychologue et le substitut paternel, de même que l'allié de la mère, il créait les conditions pour que l'adolescente vibrante, passionnée et déterminée le choisisse aussi comme l'homme de sa vie. Comment ne pas succomber à celui qui lui renvoyait une image magnifiée d'elle-même, qui créait, étape par étape, les conditions d'un succès à la mesure de leur démesure respective ? Comment aimer ailleurs, coupée des réalités de son âge, à distance des garçons tentés de lui faire la cour, sans disponibilité pour des loisirs quelconques et sans désir de s'éloigner de ce repli rassurant, affectueux et distrayant qu'était le cocon familial ? Pour Céline, René Angélil, d'objet d'admiration, devint inévitablement objet d'amour.

Avec le recul, Céline affirme qu'elle a eu le coup de foudre pour lui dès le début. « T'es naïf, René Angélil. Quand je t'ai vu la première fois dans ton bureau à douze ans, je me suis dit que je n'avais jamais vu un homme aussi beau de toute ma vie. Je pense que je t'ai aimé sur le coup. » Cette confidence, la chanteuse l'a faite lors du vol entre Miami et Palm Beach, après le concert, en février 2009. René Angélil a semblé intimidé par les propos de son épouse qui riait de bon cœur à le voir rougir. « Ce que je te dis, c'est la pure vérité, René Angélil. » « Les hommes ne nous voient jamais venir », a-t-elle ajouté en s'adressant à moi, hilare et tendre à la fois.

À vrai dire, le choix de Céline Dion fut un geste d'affirmation et d'émancipation de sa famille. Car il était impossible pour l'amoureuse transie d'ignorer les perturbations qu'entraînerait chez sa mère l'aveu de son sentiment pour un homme de vingt-six ans son aîné. Ce choix lui appartenait en propre sans doute pour la première fois et contre la volonté de ceux qui l'aimaient. Ce secret, il lui était impossible de le partager. Sa vie amoureuse débute donc par ce lourd silence qu'elle s'impose puisque la stratégie dont on l'entoure l'oblige à répéter qu'elle est un livre ouvert. Non seulement elle ne parle pas à cœur ouvert, mais la révélation de cet amour qu'elle sait tabou aux yeux des deux êtres piliers de sa vie la plonge dans une solitude que sa montée vers la gloire ne fera qu'amplifier. Derrière la star livrée à son public se cache depuis sa jeunesse une femme plus tourmentée et moins transparente que certains ne l'imaginent.

Quant au principal intéressé, comment parvenir à lui avouer son trouble sans provoquer chez lui une violente réaction de rejet ? La majorité des hommes d'âge mûr ne sont pas, contrairement à ce qu'on dit, attirés par des adolescentes qui pourraient être leur fille. Le tabou de l'inceste symbolique est bien réel et la décence une vertu partagée autant par les hommes que les femmes. Cet amour qu'elle lui avoue tard dans l'adolescence, René Angélil le perçoit comme un péril mortel pour leur rêve commun.

Et il le vit d'abord dans la honte du qu'en-dira-t-on. Un homme de son âge pouvait-il aimer une jeune fille dont tout le monde croyait qu'il la dominait de son expérience, de son autorité, une jeune fille pour laquelle il s'interdisait tout attendrissement intime et qu'il avait couvée de façon paternelle ? L'avenir démontrera que leur relation amoureuse a fortifié le couple et mis la chanteuse à l'abri des errements sentimentaux si destructeurs des stars du show business. René Angélil et Céline Dion, unis dans leur quête commune, ne pouvaient échapper l'un à l'autre. Le destin auquel ils croient tous les deux bouleversera les règles, les usages et les normes. De plus, en tombant amoureuse de son mentor à son insu, Céline Dion décidait de prendre les commandes de sa propre vie. Ceux qui en référence au mythe grec réduisent l'histoire du couple à Pygmalion devraient revoir leur copie.

Même Thérèse Dion devra s'incliner devant le choix de sa fille. Choquée, la mère reporte sa colère sur celui qu'elle estimait l'avoir trahie. Elle dépose même sous la porte de la chambre de René Angélil, à l'hôtel où séjournait le trio, une missive incendiaire. « Je voulais le tuer », m'a-t-elle dit. Sous le coup de l'émotion, pouvait-elle comprendre que cet amour allait protéger sa fille contre ses propres excès et que sa passion pour René s'inscrirait dans leur trajectoire professionnelle ? Le mariage qui s'ensuivra, les obstacles affrontés par Céline pour mettre un enfant au monde, les maladies de René, ces tranches de vie « comme tout le monde » contribueront à sceller la légende du couple Dion-Angélil. Le talent vocal de Céline, sa notoriété incomparable, ses succès retentissants et la mise en scène de sa vie personnelle, on retrouve là tous les éléments de la naissance du mythe.

Johannesburg, Afrique du Sud, le 15 février 2008

À quelques heures du début de la tournée mondiale, une troupe fébrile composée de musiciens, de choristes, de techniciens, de membres de la famille Dion-Angélil fait connaissance. Tout ce monde s'embrasse sans nécessairement se connaître. Normal puisque, sauf exception, tous sont québécois. Depuis le début de l'aventure qui mène aujourd'hui la chanteuse en Afrique du Sud, René Angélil a toujours été attentif à entourer son artiste de compatriotes, talentueux, cela va de soi, mais qui lui permettent aussi de se retrouver en terrain connu. La benjamine de la famille de quatorze enfants reproduit aussi avec son entourage professionnel le contexte familial dans lequel elle a toujours vécu.

Pour casser la glace, l'organisation a choisi un concert au profit de la fondation Mandela. La majorité du public est composée de l'élite blanche, à laquelle se sont joints des membres de la bourgeoisie noire. Pour la néophyte que je suis, l'enthousiasme est au rendez-vous, même si ce public est quelque peu guindé. Mais la machine n'est pas rodée techniquement, plusieurs éléments de décor sont absents, et René Angélil ressortira du Coca-Cola Dome maussade et contrarié. La raison en est simple. Des journalistes québécois étaient présents pour ce premier spectacle. Stratégie risquée de les avoir invités pour le début de la tournée, car les critiques du lendemain dans la presse du Québec mettront l'accent sur les ratés techniques. René Angélil et son entourage tenteront de rattraper le coup en se rendant disponibles pour les journalistes, si bien que les jours suivants, après le concert de Pretoria devant une foule bruyante et admirative de vingt mille personnes, la chanteuse créera l'événement que les médias répercuteront dans la Belle Province.

Ce choix d'inviter des journalistes québécois à l'autre bout du monde correspond à une volonté de René Angélil de s'assurer que ses compatriotes, premiers fans de Céline, ne perdent jamais contact avec l'idole. Aux yeux du gérant, les Québécois ont droit à un traitement de faveur. Le fils d'immigrants et la fille d'une des dernières familles nombreuses du Québec traditionnel maintiennent des liens intenses, passionnels, fusionnels avec leur société originelle.

Le Québec est la matrice qui a donné naissance à la chanteuse. Les Québécois ont le culte de leurs vedettes et une adoration particulière pour les enfants vedettes. Ils ont découvert Céline à douze ans et n'ont eu de cesse de l'accompagner dans un parcours éclatant où ils ont cru la perdre. Car Céline Dion, dans l'imaginaire québécois, est un bien national au même titre que d'autres symboles patrimoniaux. On s'est approprié la « petite Céline » et ils sont encore nombreux à utiliser cette expression, réductrice de ce qu'elle est devenue, par crainte d'être dépaysés devant la star trop éloignée d'eux-mêmes. Mais René Angélil veille au grain. Il semble se répéter chaque matin la devise du Québec : « Je me souviens. » C'est un homme pour qui la reconnaissance n'est pas un vain mot. Aucune contrainte de nature commerciale ne lui fera perdre de vue que le Québec est la terre d'accueil, d'ancrage et de repli éventuel du couple. Le Québec est en quelque sorte la famille élargie qui inclut même les rebelles, les moutons noirs et les ennemis irréductibles. Dans la presse, on a longtemps oscillé entre l'idolâtrie pour Céline et des dénonciations d'une telle violence qu'elles deviennent un révélateur des névroses collectives, au point qu'un journaliste québécois a pu écrire : « J'ai honte d'être québécois quand j'entends Céline Dion chanter. »

René Angélil accorde une importance que d'aucuns trouveraient démesurée à tout ce qui se dit et s'écrit sur Céline dans les médias québécois. Et il protège l'artiste en lui taisant les critiques, et *a fortiori* les attaques, dont elle est l'objet et dont la rumeur malgré tout lui parvient. Le plus étonnant est de constater que les succès multiples et inégalés ne permettent pas au couple d'être au-dessus des critiques en provenance de leur pays. Au fil des années, René Angélil a su, en manipulateur génial, contrer, en les isolant, certains adversaires irréductibles pour qui la voix, le style, les choix musicaux de la chanteuse sont haïssables. On retrouve partout dans le monde des spécialistes de musique pop qui pourfendent Céline Dion. Mais au Québec, la star et son mari sont l'objet d'un débat irrationnel dès qu'ils occupent l'avant-scène de l'actualité.

Les très nombreux fans québécois sont sensibles à cette façon qu'ont René Angélil et Céline Dion de les traiter sans hauteur. « Céline est comme nous autres » signifie au Québec : « Elle ne se prend pas pour une autre, elle est restée la même. Elle est simple, elle nous comprend. On est en famille. » Pourtant, rien ne ressemble moins à une famille que Sony, la multinationale du show business qui régit la carrière de l'artiste en association avec Les Entreprises Feeling, propriété de Céline Dion et René Angélil. Cet encadrement commercial d'une redoutable efficacité ne prend jamais le pas sur l'image de la chanteuse que l'entourage rapproché, composé de fidèles irréductibles, gère selon la loi de

René, le patron tout-puissant. Voilà pourquoi les fanfarons, les grosses têtes et les prétentieux font long feu dans l'entourage du couple. Ce premier cercle de quelques personnes fonctionne sous l'autorité paternaliste de René Angélil, figure emblématique qui peut d'une remarque plonger son interlocuteur dans un état de panique. La présence omnipotente de ce père symbolique, cerbère de la star, gardien de son image et protecteur de son bien-être quotidien, confère à l'organisation un caractère familial que renforce la présence auprès du couple des membres des deux familles qui occupent des fonctions diverses. En simplifiant, on pourrait dire que les notions d'employeur et d'employé sont mises en veilleuse au profit de l'appartenance à un clan où l'usage du français à saveur québécoise exclut parfois les « étrangers ».

Dans le passé, les artistes québécois ayant réussi à s'imposer hors des frontières ont été placés dans la situation inconfortable d'avoir à prouver que leur succès ailleurs n'altérait en rien leur appartenance au pays. Les Québécois, par une forme d'insécurité légendaire, ont toujours craint d'être abandonnés de leurs rares idoles qui atteignent une notoriété sous d'autres cieux.

René Angélil, conscient de cette réalité, n'a jamais rompu ses liens avec le Québec. Son entreprise a son siège social à Laval, dans la banlieue de

Montréal, et le couple y possède des résidences. Pour l'anecdote, pendant toute la tournée mondiale, René Angélil recevait chaque matin, à la porte de sa suite d'hôtel, une version imprimée du grand quotidien populaire *Le Journal de Montréal*. Thomas, Québécois évidemment, le pilote de l'avion, un jet de l'entreprise Bombardier, se chargeait de l'impression sur papier du quotidien qu'il allait personnellement livrer à la suite du couple. De cette façon, le patron pouvait retrouver sa routine qu'il a su reproduire aussi à Las Vegas où, grâce à la technologie, il demeure un spectateur assidu de la télévision québécoise qu'il capte en direct.

Ce désir de proximité, Céline le vit à sa manière en s'entourant d'abord des membres de sa famille. Deux sœurs, un frère et un beau-frère vivent en permanence à ses côtés. Michel Dion, régisseur de tournée, est celui qui tout au long du spectacle souffle parfois ses textes à sa jeune sœur sur scène. Ce lien du frère chuchotant dans l'oreille de sa « princesse » comme il l'appelle, est à l'image de la relation affective entre Céline et certains membres de sa fratrie. Car Céline Dion, la forte femme, carbure avant tout à l'affection. À voir la connivence qui règne entre eux, on se demande si, sans son monde, celui qui la relie à son enfance, elle saurait se soustraire à tous les pièges rattachés au statut de célébrité. Elle y trouve sa sécurité par effet de miroir, car l'image que lui renvoient ces quelques intimes n'est pas altérée par les scories de la gloriole dont on use par ailleurs envers elle.

Céline manifeste une reconnaissance sans limites aux Québécois qui l'ont propulsée au premier sommet de sa gloire. Avouerait-elle que cet amour possessif pour « leur » Céline l'enferme parfois dans un personnage éloigné de la femme mature, sûre d'elle-même, consciente de sa singularité et de l'impact de ses actions ? En territoire québécois, Céline Dion s'est longtemps sentie obligée de régresser, en quelque sorte. Mais on a assisté à un renversement de la situation lors de la tournée de 2008.

Montréal, le 15 août 2008

Les temps ont bien changé. Ce soir au centre Bell
où se déroulent les matchs de hockey du Canadien
de Montréal, club qui depuis plusieurs années n'est
pas parvenu à remporter la prestigieuse coupe
Stanley, un lieu donc où se vivent tant d'espoirs et
de déceptions cuisantes, Céline Dion, l'enfant du
pays, revient triompher. Ce 15 août, c'est l'icône
nationale parvenue au firmament de la réussite que
les spectateurs attendent. Toute l'équipe de la tournée est fébrile et la nervosité contagieuse. Les
musiciens, les choristes, l'entourage immédiat, ces
Québécois expatriés pour la plupart à Las Vegas
depuis plusieurs années retrouvent aussi leur ville,
leurs familles, leurs amis. Tout le monde sait que ce
premier spectacle de Céline Dion après huit ans
d'absence sur la scène québécoise est une sorte de
grand-messe solennelle. Car ce peuple jadis catholique, laïcisé en quelques décennies, conserve des

réflexes religieux : l'adoration, la ferveur et parfois l'excommunication. René Angélil n'échappe pas à l'ambiance. Tendu, il se promène en coulisse en répétant à tout un chacun que la soirée sera « magique ». N'empêche, il n'arrive pas à camoufler une inquiétude sourde, celle de l'homme qui, à l'instar de son artiste, désire avant tout la reconnaissance de son pays et cherche le dépassement, à la manière des athlètes olympiques en quête incessante non seulement de médailles d'or, mais de records fracassés.

Les membres non québécois de la troupe, en particulier les danseurs américains et l'équipe de traiteurs anglais Snackatack qui nourrit le personnel de la tournée à travers le monde, assistent avec étonnement à ce débordement d'émotions sans équivalent dans les autres pays. Eux-mêmes ne sont pas imperméables à l'atmosphère fiévreuse qui règne en coulisse et à laquelle je n'échappe pas moi-même.

Dans le centre Bell, les vingt-deux mille cinq cents spectateurs, après avoir acclamé les personnalités publiques qui ont fait leur entrée sous l'œil des caméras et ovationné en vedette américaine une talentueuse jeune chanteuse imitatrice, Véronic DiCaire, tâche redoutable devant un public bouillant d'excitation impatiente, les spectateurs donc acclament « leur » Céline avant même son arrivée sur scène. Et lorsque enfin elle apparaît, c'est en quelque sorte le Québec tout entier qui se lève, crie, pleure, stupéfait de sa propre réaction, bouleversé et béat d'admiration. Céline Dion, debout au milieu de la scène, regarde incrédule cette foule qui l'entoure, l'encercle et l'étreint dans un déferlement émotionnel incompréhensible à ceux qui n'appartiennent pas à la société québécoise.

En effet, aucune autre star contemporaine, aucun groupe mythique, qu'il s'agisse des Beatles, des Rolling Stones, de Madonna, voire de Barbra Streisand, n'a joué dans sa propre société le rôle symbolique qui est celui de Céline Dion au Québec. Toutes ces stars anglaises ou américaines sont portées par une culture, une tradition, des valeurs de pays conquérants et dominateurs sur le plan culturel. Les Américains n'ont jamais eu le sentiment que la réussite mondiale d'une de leurs stars compensait leur incapacité à s'imposer sur le plan international. Les Britanniques n'ont pas attendu les Beatles ou les Rolling Stones pour s'assurer de leur influence culturelle dans le monde. L'existence des Beatles, ce groupe qui a changé la musique populaire et incarné la révolution des années 1960, celle de la génération des baby-boomers occidentaux, n'a fait qu'accentuer l'attrait culturel pour leur pays d'origine. Quant au groupe irlandais U2, il s'inscrit dans la tradition d'un petit pays certes, mais de langue anglaise et qui a produit d'immenses écrivains de réputation mondiale tels Oscar Wilde, W.B. Yeats, James Joyce et Samuel Beckett.

Le Québec est une société à l'identité fragilisée, une société minoritaire en Amérique du Nord dont l'histoire collective est marquée par des défaites et qui demeure divisée sur son avenir. Les Québécois n'ont pas l'esprit conquérant ni dominateur, même si leur comportement à l'égard des peuples autochtones est loin d'être irréprochable. Ils n'ont jamais imposé leur loi hors de leurs frontières, jamais exercé d'attrait culturel sur le reste du monde et aucun artiste, aucun écrivain, aucun musicien québécois n'a atteint la stature planétaire. Le Cirque du Soleil, créé par les Québécois visionnaires Guy Laliberté et Gilles Sainte-Croix, dont on s'accorde à dire qu'il a transformé la conception même du genre, peut revendiquer désormais une réussite internationale. Mais Céline Dion demeure la seule artiste dans l'histoire du Québec à avoir conquis la planète entière à titre personnel, et ce après s'être imposée comme chanteuse populaire numéro un aux États-Unis en 1990. Pour réussir cet exploit, elle a dû chanter en anglais, ce qui ne surprendra personne.

Ce soir du 15 août 2008 et tous les autres soirs où Céline Dion se produira à Montréal, les acclamations frénétiques, la « magie » palpable, l'émotion impétueuse exprimeront la fierté d'un peuple.

Comme si la chanteuse, au-delà de sa personne, portait le rêve collectif de la reconnaissance mondiale. En ce sens, l'événement atteignait une dimension politique. Pour un peuple divisé sur sa propre existence, habité par un vieux complexe face au succès et à l'argent hérité de sa culture catholique, Céline Dion devient symboliquement celle qui porte les rêves, rachète les échecs, efface les défaites. En 1967, le « Vive le Québec libre ! » lancé par le général de Gaulle avait révélé au monde l'existence de cette portion d'Amérique francophone luttant pour sa survie. Quarante ans plus tard, la fille de Charlemagne, Québec, qui n'a jamais renié ses racines, reçoit les ovations d'un peuple enfin vainqueur à travers elle.

Sans doute Céline Dion a-t-elle compris que l'excès d'acclamations dépasse sa personne, que la foule hypnotisée la rend dépositaire de ses espoirs irréalisés et que ses attentes ne peuvent être comblées par le seul fait pour elle de chanter. Cet amour inconditionnel à son endroit, Céline Dion dans sa lucidité le ressent non sans malaise comme elle me l'avouera. Consciente des limites de son rôle, elle se refuse à user d'un pouvoir dont elle perçoit intuitivement le danger, en demeurant spectatrice d'elle-même. Bien malin celui qui pourrait l'entraîner sur le terrain glissant de la politique, par exemple, comme le font d'autres stars. Dans les rares occasions où la chanteuse s'est aventurée dans

le débat sur la souveraineté du Québec en se pro-
nonçant contre la sécession, elle a pris la mesure du
piège. Ce qui n'empêche pas les politiciens du Québec, y inclus les tenants de l'indépendance, d'encen-
ser Céline Dion et de lui rendre un hommage
appuyé. Aucun cependant ne s'aventurerait à la
récupérer à son profit, ce qui prouve que désormais
elle a atteint une dimension mythique.

Québec, palais Montcalm, le 21 août 2008

La salle, réservée d'ordinaire à la musique classique, est envahie par un public universitaire dont on peut imaginer que la majorité n'a probablement jamais assisté à un concert de Céline Dion ni écouté ses chansons. Cet après-midi, la chanteuse reçoit un doctorat *honoris causa* de l'université Laval. Les représentants des autorités civiles et de la politique, ainsi que des diplomates en poste dans la capitale du Québec, sont assis au premier rang. Nous sommes à des années-lumière des publics fervents de la star. Dans la salle, deux rangées complètes sont occupées par les treize frères et sœurs de la chanteuse qui entourent leur mère, Thérèse Tanguay-Dion. Derrière ce clan, René Angélil, l'air grave, est encadré de deux de ses fils, René-Charles l'enfant du couple et Patrick, le fils de son premier mariage qui travaille pour l'organisation Feeling. L'attribution de ce doctorat *honoris causa* a suscité de fortes oppositions au sein de l'assemblée universitaire et c'est par un vote de 17 voix pour et 11 contre que la décision fut prise. L'entourage de la chanteuse pas plus que le public présent ne peuvent ignorer ce fait.

Le décorum d'une telle cérémonie impressionne visiblement les familles Dion-Angélil, peu familières des mœurs académiques, et Céline, revêtue de la toge réglementaire, reçoit des applaudissements discrets lors de son entrée au sein du cortège de ces docteurs en titre. Comment s'empêcher de penser à la petite fille qui détestait l'école d'où on l'a retirée à treize ans, en observant la femme qui arrive mal à cacher une nervosité rare chez elle, assise aux côtés du recteur de ce temple du haut savoir, le plus vieux en Amérique du Nord ? Céline Dion a reçu au cours de sa carrière tous les prix et trophées mais, à n'en point douter, n'a jamais imaginé la reconnaissance d'une institution universitaire. Ce doctorat lui est attribué pour l'excellence de son travail et sa quête permanente de dépassement personnel, affirme le recteur qui semble lui-même étonné d'être en présence de la célèbre chanteuse. La déclinaison des hauts faits de l'artiste a l'air de surprendre une partie de l'auditoire dont on imagine qu'elle ne lui est pas spontanément acquise. Mais Céline Dion ne captive pas la Terre entière seulement par sa voix et, lorsqu'elle se lève pour prendre la parole, je devine, pour l'avoir côtoyée plusieurs mois, qu'elle va s'appliquer à démontrer à ses opposants qu'ils ont eu tort de la sous-estimer. « À défaut d'être lettrée, je serai brève… et sincère », déclare-t-elle, un frisson d'ironie dans la voix. Chaque fois que Céline Dion se retrouve en terrain peu familier, elle s'impose en attaquant comme elle le fait devant cette assemblée d'universitaires. Puis elle rend hommage à ceux qui l'ont façonnée, qui lui ont appris « à aller plus loin et à faire toujours un peu plus ». Et l'enfant du Québec profond auquel elle demeure attachée si viscéralement surgit soudain et trouve les mots pour déverrouiller le cœur des plus endurcis. Car ces hommes et ces femmes qui l'observent et l'écoutent sont issus pour la plupart d'ancêtres modestes qui ont trimé pour bâtir le pays, se sont battus pour rester français, ont subi les humiliations des pauvres, mais ont aussi réussi à transmettre les rêves d'un monde meilleur à leurs enfants. « À l'école de la vie… j'ai fait mes classes au milieu d'adultes plus grands que nature. Des gens simples, des êtres d'exception. Je parle ici de mes parents… et de mes frères et sœurs. Avec eux j'ai appris le calcul… hors les frères et sœurs, les amis se comptent sur les doigts d'une main, la géographie – il fallait que chacun soit à sa place –, l'histoire – la petite, celle de mes ancêtres […] », dit la docteure *honoris causa* avec un débit d'une lenteur inhabituelle.

En décrivant son histoire personnelle, Céline Dion l'inscrit dans celle de tous les Québécois qui en l'espace d'une génération se sont libérés, non sans heurt, des contraintes d'un passé étouffant pour entrer bruyamment dans la modernité. Lorsqu'elle proclame : « Une chose a guidé ma vie, c'est le désir de me dépasser et d'aller plus loin, au maximum de mes capacités, au bout de mes idées, de mes espoirs et de mes rêves. Et je n'ai toujours pas fini de rêver... », elle sait qu'elle touche un auditoire pour qui l'excellence est un objectif personnel et collectif. Mais elle n'ignore pas que parmi ce beau monde se trouvent des gens qui dédaignent la culture populaire. Finalement, la chanteuse pop ne dépare pas l'auguste assemblée puisque cette fois on l'applaudit longuement. En conférence de presse après la cérémonie, elle devra préciser qu'elle croit à l'importance des études, car son insistance à parler de l'école de la vie pouvait laisser un doute sur le bien-fondé d'une longue scolarité. Or, au Québec, les taux de décrochage scolaire sont très élevés, particulièrement chez les jeunes garçons. Cette insistance de Céline Dion à mettre en avant l'école de la vie au détriment de l'encadrement scolaire s'inspire évidemment de son expérience personnelle. Hélas, pour une Céline Dion à la réussite éclatante, des dizaines de milliers de jeunes se victimisent au contraire en décrochant de l'école avant la fin du cycle secondaire. Céline Dion n'est pas « comme les autres », même si parfois une partie d'elle-même se prend au piège d'y croire.

Québec, sur les plaines d'Abraham,
le 22 août 2008

En ce lieu historiquement lourd de la défaite de la France en 1759 contre les Anglais, face au fleuve Saint-Laurent, où s'est donc scellé l'avenir anglophone du Canada, Céline Dion présente un spectacle à tous égards exceptionnel. C'est dans le cadre du quatre centième anniversaire de la fondation de la ville de Québec que la Céline nationale a accepté de chanter devant un auditoire de quelque deux cent mille personnes. Pour ce faire, elle a souhaité partager la scène avec quelques-uns des chanteurs adorés du public québécois, dont Jean-Pierre Ferland, Garou et Ginette Reno. Quelques semaines plus tôt, au même endroit, Paul McCartney avait déclenché l'enthousiasme d'une foule tout aussi nombreuse. Cette présence de l'ex-Beatle prouve à n'en point douter que malgré la devise du Québec : « Je me souviens », les Québécois ne sont pas revanchards et n'hésitent pas à inviter pour fêter la fondation de Québec un des plus illustres descendants des conquérants anglais. Mais le chanteur a reçu un cachet estimé à 4 millions de dollars alors que la fille du pays s'est produite à titre gracieux. René Angélil a même déclaré que c'était le cadeau de Céline aux fêtes du quatre centième anniversaire. L'attachement du couple au Québec s'évalue aussi en espèces sonnantes.

Cette soirée demeurera dans les annales du show business québécois comme une reconnaissance ultime de la star devant laquelle ses plus acharnés détracteurs doivent désormais s'incliner, Céline Dion accédant en quelque sorte à l'immunité nationale. Que dire en effet devant pareille manifestation d'affection et d'admiration d'un public où se retrouvent toutes les classes sociales, toutes les générations ? Et au-delà de la chanteuse, c'est la femme volontaire, au caractère sculpté dans la dureté du climat, enracinée dans ce « gros bon sens » si cher à nos ancêtres, c'est cette femme que la foule a aimée ce soir-là. Et, paradoxe total, Céline Dion sur scène a semblé parfois se mettre en retrait de ces monuments de la chanson québécoise, idoles de son enfance. Et lorsque sa famille au grand complet est venue offrir au public un pot-pourri endiablé des airs traditionnels, c'est Céline la petite dernière et non la star mondiale qui est soudain réapparue. En cédant l'avant-scène à ses treize frères et sœurs, elle semblait dire : « Vous voyez ce qu'était mon enfance ? Regardez-les chanter. Comprenez-vous pourquoi j'ai été si heureuse ? » Cette modestie affichée correspond à une dimension de sa personnalité qui repose sur la conscience de sa singularité doublée d'une méfiance instinctive de perdre sa vraie nature et de se couper de ses liens familiaux. Car Céline Dion croit aveuglément que la famille la protège du précipice dans lequel ont plongé tant de starlettes et tant de stars. « Sans ma famille, ma vie n'aurait pas de sens », répète-t-elle aux quatre coins du monde. Le couple Dion-Angélil perçoit le Québec comme une extension familiale, un garde-fou devant la planète qu'ils ont pourtant parcourue, séduite, fascinée.

« Je vous aime, vous m'êtes nécessaires », a répété Céline à Berlin, Prague, Helsinki, Kuala Lumpur, Tulsa, Nice, New York durant la tournée. Mais à Montréal le 15 février 2009, qui marquait la fin de la tournée, lorsqu'elle a encore une fois prononcé ces mots en sachant qu'elle ne reviendrait pas chez elle avant longtemps, un frisson a parcouru celle qui s'est imposée aux États-Unis sans renier ses racines profondes.

Paris, hôtel George-V, le 18 mai 2008

Ils sont là, devant ce palace qu'affectionnent les stars mondiales telle Madonna. Ils seront parfois plus de deux cents, et durant les dix jours du séjour de Céline Dion dans la capitale française, ils attendront patiemment du matin au soir, et quelques-uns toute la nuit, d'approcher leur idole. Ces fans français sont les plus frénétiques au monde, et ils savent que l'adoration qu'ils portent à la chanteuse et qui s'étend au reste de sa famille sera récompensée. Car Céline Dion consent à signer des autographes, à se faire prendre en photo où qu'elle soit. À Paris, où « c'est spécial » comme le dit son mari, elle ne déroge pas à la règle. Un employé de l'hôtel me confiera que seule Céline Dion réussit l'exploit de garder ses admirateurs en permanence devant le George-V tout au long de ses séjours dans la ville. « Si Madonna pouvait faire entrer sa limousine dans le hall pour éviter les fans qui l'attendent à l'entrée, elle le ferait. Elle n'a aucune considération pour eux. Céline, elle, est accessible et si gentille. Avec le personnel c'est la même chose. On l'adore et son mari aussi. »

La conquête de la France par Céline Dion n'allait pas de soi. René Angélil savait que son ambition démesurée de faire de Céline la plus grande chanteuse au monde supposait une reconnaissance de son artiste par le public français. Normal pour un Québécois qui chante en français de vouloir se faire un nom dans le pays référence, et qui représente un marché de 60 millions d'habitants. Eddy Marnay, le célèbre auteur français choisi par René Angélil pour écrire des chansons à l'adolescente qu'il voyait déjà en haut de l'affiche parisienne, marque une étape cruciale dans la stratégie angélienne. Eddy Marnay permit à Céline d'apprivoiser la France, Paris et son redoutable monde du spectacle. Il y eut donc une première carrière de Céline Dion en France, où les ventes de ses disques atteignirent des résultats probants. Michel Drucker, le premier, reconnut en Céline Dion la star qu'elle deviendra. Il fut son parrain médiatique, contribuant à sa popularité. Mais cette popularité s'accompagne de critiques redoutables pour la jeune chanteuse considérée comme insignifiante, ne pouvant s'exprimer dans une langue correcte et dotée de cet accent québécois risible dont on découvrira plus tard le charme.

L'énigmatique Céline Dion

La première étape de la carrière française de Céline Dion, en 1984, n'entraîna pas de retombées permanentes, si bien que durant quelques années, les Français semblèrent oublier la jeune fille qui chantait *Mon ami m'a quittée*. Il faut dire que pour réussir en France, un artiste québécois doit y séjourner, se faire voir comme on dit, bref exister dans le paysage artistique. Pour le gérant de Céline, après son passage à l'Olympia en vedette américaine de Patrick Sébastien, un comique populaire, et le succès de ses disques, c'était mission accomplie. Il faudra attendre cependant que la chanteuse triomphe aux États-Unis pour que la France ouvre toutes ses portes, déroule tous ses tapis rouges et offre toutes ses antennes à la star « américaine ».

La France ne pouvait pas résister à Céline Dion, chanteuse numéro un aux États-Unis en 1990. Elle atteint l'apogée de son succès au Stade de France en 1999, durant deux soirs, lorsque cent quatre-vingt mille spectateurs l'acclament dans un show où les chansons françaises alternent avec les hits en anglais, langue obligée de la conquête planétaire.

Le rapport entre le Québec et la France fut traditionnellement un rapport d'amour-haine découlant du vieux sentiment de l'abandon par la France de cette enclave francophone en Amérique du Nord. Le capital d'affection de la France à l'endroit du Québec s'exprime entre autres par l'accueil fait aux chanteurs québécois qui y débarquent. Mais Céline Dion est atypique, René Angélil n'a jamais usé de l'exotisme québécois avec sa chanteuse. Faut-il y voir un lien avec l'esprit cosmopolite d'Angélil, le fils d'immigrants ? Peut-être bien. Il n'y a en tout cas aucun doute sur le fait que les références musicales de ce dernier demeurent avant tout américaines, que sa fascination pour ce qui est « big » comme il le répète, l'oriente vers les États-Unis où il se sent aussi à l'aise que chez lui, à vrai dire où il est aussi chez lui. René Angélil, un homme sans frontières, est à la recherche du plus grand public. Il s'applique à mettre en avant les valeurs les plus consensuelles. Il n'allait pas en France présenter sa chanteuse comme une Édith Piaf québécoise par exemple. La carte identitaire, les références aux autres chanteuses, René Angélil les évite. Céline, à ses yeux, demeure hors catégorie, hors norme, inclassable pour tout dire. Depuis les débuts de sa carrière, il s'est appliqué à en convaincre les autres.

La réussite française de Céline Dion ne ressemble donc à aucun autre succès de chanteurs québécois, et ce dès les débuts de la jeune fille. Eddy Marnay construisit pour elle un répertoire adapté à son âge, dans un français standardisé sans accent, et cela se poursuivit avec Jean-Jacques Goldman. Même Luc Plamondon, qui a réussi à réinventer la langue dite québécoise, écrit pour Céline des proses poétiques dans une langue standardisée. Durant plusieurs années, Céline Dion chante dans une langue et parle dans une autre, une langue à caractère argotique qui fut celle des Québécois des milieux populaires jusqu'à ce que la bourgeoisie culturelle la revendique comme langue identitaire.

Mais cette langue, qualifiée de « joual » – une déformation du mot « cheval » –, est avant tout pour Céline une langue affective. Ce français où les archaïsmes et les anglicismes dominent, où la prononciation est relâchée avec des jurons transformés en verbes et en adverbes, est incompréhensible aux autres francophones. Lorsque Céline dit : « Enwoye, pousse le son à planche » pour signifier d'augmenter le son au maximum, elle parle seulement à son monde. Cette langue codée dont elle use avec ses musiciens québécois avant chaque concert, et ce partout dans le monde, est une façon pour elle de recréer des lieux de familiarité. La langue dans laquelle elle s'exprime avec les membres de sa famille et la famille élargie que constitue son entourage professionnel demeure en quelque sorte la seule chose qui la rattache à son passé. La vie qu'elle mène est étrangère à ce qu'elle a vécu auparavant. En ce sens, son « histoire conte de fées » est celle de ruptures successives avec la culture dans laquelle elle a baigné.

L'accueil que la chanteuse reçoit en France est incomparable avec celui qu'on lui témoigne ailleurs dans le monde. Ses fans assurent une présence de tous les instants partout où elle se trouve et le public manifeste un enthousiasme à la mesure de son attachement pour elle. Est-ce la chanteuse francophone la plus connue au monde que l'on acclame, est-ce la « cousine du Québec » que l'on célèbre, est-ce la seule francophone qui a réussi à conquérir les États-Unis ? Sans doute tout cela à la fois, et en ce sens, les Français peuvent s'approprier Céline Dion comme ils l'ont fait dans le passé avec Jacques Brel, le Belge.

À Paris, en mai 2008, au palais omnisports de Bercy, rempli à pleine capacité durant six soirs, Céline Dion recevra des ovations interminables de la part d'un des rares publics sur Terre à connaître par cœur les paroles de la plupart des chansons. Je n'avais jamais vu Céline Dion en concert en France et j'ai eu le sentiment d'assister alors à une manifestation spectaculaire et bruyante de la famille élargie, en quelque sorte. Et en ovationnant avec la même intensité la chanteuse qui chante en anglais que celle qui chante en français, le public français confirmait une réalité devant laquelle il faut s'incliner désormais : la réussite planétaire d'un artiste populaire passe obligatoirement par l'usage de l'anglais.

Céline Dion n'ignore pas les critiques dévastatrices que les journalistes spécialisés dans la musique populaire écrivent sur elle à travers le monde. Mais

on est surpris de la virulence méprisante des attaques contre la chanteuse et son répertoire qui lui
viennent de France et du Québec. En France, on
n'a de cesse dans certains médias de la ridiculiser et
de la caricaturer en fille sotte, ignare, soumise à son
bourreau de mari, instrumentalisée par la machine
du show business. On ne peut s'empêcher de penser
que ces critiques n'ont plus grand-chose à voir avec
ses choix musicaux et son style personnel, que l'on
peut apprécier ou pas. À vrai dire, l'acharnement
tient davantage de ce que la star symbolise. D'abord,
elle n'est pas américaine, ce qui la désavantage
auprès des critiques professionnels. Elle est québécoise, mais d'un Québec traditionnel, loin de la
révolte incarnée par les Charlebois et Dufresne, et
surtout, elle n'a jamais appartenu à la mouvance
nationaliste dont tous les artistes ayant réussi en
France se sont réclamés.

Bien que le capital de sympathie voire d'affection
à l'endroit des Québécois soit profondément ancré
dans la population française, on trouve toujours
dans le milieu médiatique des gens qui continuent
de percevoir les « cousins » lointains comme étant
peu dégrossis, parlant une langue caricaturale, et
dont la spontanéité est plutôt folklorique. Mais
ceux-là mêmes qui rigolent devant les Québécois se
pâment souvent devant des artistes américains de
seconde zone au talent douteux. D'ailleurs, le débat
médiatique qui s'est produit à l'annonce de la remise

de la Légion d'honneur à Céline Dion en mai 2008, lors du passage de la chanteuse à Bercy, illustre bien ce phénomène.

France-Soir, en quête de scandales pour remonter ses ventes, a titré à la une que la Légion d'honneur se dégradait, avec une photo pleine page de Céline Dion. Or, depuis des décennies de très nombreux artistes américains ont reçu cet honneur insigne sans que cela provoque de réactions. À noter que parmi les récipiendaires, on retrouve des personnalités comme l'acteur Sylvester Stallone, le comique Jerry Lewis et Sharon Stone, star mondiale depuis la scène torride dans le film *Basic Instinct* qui est devenue une icône idolâtrée en France. Or, le jour où est reçue Céline Dion – qui propage la chanson française à travers le monde, qui fait applaudir Jean-Jacques Goldman sur toute la planète, celle qui a toujours affirmé avec fierté ses racines françaises devant les Américains –, il se trouve tout à coup des Français pour s'indigner. On est en droit de se demander où étaient ces hargneux depuis toutes ces années, alors que des stars d'Hollywood au talent discutable, ignorant tout de la culture française et dont on peut penser qu'ils seraient de parfaits inconnus s'ils étaient nés en Irak, en Islande ou au Paraguay plutôt qu'aux États-Unis, ont défilé sous les lambris français pour recevoir la Légion d'honneur, disant en anglais : « Thank you very much, I love France. »

Cet épisode nous éclaire encore une fois sur le complexe de nombreux Français face à la culture américaine, en mettant en avant le masochisme de nombreux francophones quand il s'agit de porter un jugement sur les artistes anglophones au détriment de ceux qui s'expriment en français. Dans le passé, Céline Dion a séduit un public français, mais il a tout de même fallu que les États-Unis la portent aux nues pour que la France l'acclame enfin comme une véritable star.

Palais de l'Élysée, le 22 mai 2008

Depuis deux jours, la fratrie Dion, débarquée de Montréal, a investi l'hôtel George-V afin d'assister à la remise de la Légion d'honneur à leur jeune sœur. À une exception près, ils sont tous là, sans conjoint, et le matin pour le petit déjeuner on a pu les apercevoir attablés autour de leur mère. Dans le palace cinq étoiles, fréquenté par les milliardaires du Moyen-Orient et de la Russie, la famille Dion se comporte comme si elle était chez elle à Charlemagne, en apparence insensible au faste de l'établissement. Comme si, là où est Céline, les frères et sœurs étaient aussi chez eux. Mais il est illusoire de s'imaginer que leur célèbre sœur leur est accessible en tout temps. Certains ne la verront qu'à l'Élysée, au musée Grévin par la suite lorsqu'on inaugurera la statue en cire de René Angélil, et au dîner qui suivra au Fouquet's, là même où le président Sarkozy s'est retrouvé avec ses amis le soir de son élection à la présidence de la République.

Dans le car qui transporte la famille Dion vers le faubourg Saint-Honoré, l'atmosphère est à la fête. On chante, on s'interpelle et seule Mme Dion, qui a revêtu un des nombreux ensembles haute couture que lui offre sa fille, semble échapper à la légèreté ambiante. À l'évidence, cette cérémonie à l'Élysée l'impressionne. Elle demeure silencieuse et sa présence freine sans doute l'excitation de quelques-uns de ses enfants, car il est intéressant de constater la crainte respectueuse qu'inspire la mère à ses joyeux lurons.

En gravissant les marches du palais de l'Élysée, le clan Dion a recouvré son calme. Une fois dans la salle des fêtes, sous les ors et le faste des lieux, la famille fait corps. Une tension s'installe, on n'entend plus que des chuchotements lorsque Céline fait son entrée en compagnie de son mari et de son fils. La nervosité de la chanteuse est palpable. Elle cherche sa mère dans l'assistance et leurs regards se croisent. À quoi pensent-elles, l'une et l'autre ?

Le chef du protocole annonce l'arrivée du président qui, comme à son habitude, entre dans la salle au pas de course, mais souriant. Il invite Céline Dion à prendre place auprès de lui sur le podium.

« J'étais un fan de vous, chère Céline Dion, avant de devenir président de la République et je le demeurerai après. » Cette remarque donne le ton de la cérémonie qui se déroulera dans une atmosphère à la fois protocolaire et amicale. À vrai dire, Nicolas Sarkozy rendra hommage à Céline Dion avec conviction, sincérité et admiration, et, à travers elle, renouvellera l'affirmation de l'affection des Français pour les Québécois. En réponse au président, un privilège, car normalement on ne répond pas au président de la République, Céline Dion trouvera les mots de son émotion. « Pour une petite Québécoise de Charlemagne comme moi, recevoir la Légion d'honneur dans ce palais de l'Élysée et de vos mains, cela prend des proportions et un sens qu'il est difficile d'exprimer. […] Ce grand honneur, je veux le partager avec maman que nous avons le privilège d'avoir encore avec nous et qui est notre force et notre modèle à tous […] et avec tous les Québécois qui m'ont donné confiance en moi et qui continuent de m'apporter leur appui. Ils sont dans mon cœur où que je sois dans le monde. […] Je veux partager aussi cette médaille dorée avec l'homme de ma vie, René, mon mari, mon ami, mon manager, sans qui toute cette histoire n'aurait pu s'écrire… »

On retrouve dans ce court texte les références aux racines de la chanteuse, ces garde-fous qui sans aucun doute l'ont empêchée de perdre la tête comme tant d'autres stars, ce qui fait conclure à tous les publics de la Terre que Céline Dion est comme tout le monde. Ses origines modestes, le lien passionnel qui la rattache à sa mère, la relation symbiotique avec son mari et sa fidélité sans pareille au Québec dont elle a été dès ses débuts l'enfant chérie, c'est ce qu'elle a voulu affirmer pour justifier en quelque sorte cet honneur que lui fait la France. Ce qu'elle a eu la modestie de taire, c'est que jamais une francophone n'avait réussi à rallier partout dans le monde des publics si culturellement divers, de langues multiples, de toutes classes sociales, hommes et femmes de tous âges. Dans cette perspective, il est même surprenant que Céline Dion n'ait pas été décorée plus tôt par la France.

Qu'il y ait un débat en France sur la pertinence du choix des récipiendaires de la Légion d'honneur est en soi légitime. Mais que le débat soit déclenché à ce moment précis de la remise à Céline Dion, seule ambassadrice de la musique populaire en français de toute la francophonie, a de quoi choquer ceux qui croient nécessaire que la France reconnaisse à travers ses institutions ceux qui dans tous les domaines d'activités affirment la culture en français.

À l'Élysée, Céline a déclaré : « Lors de notre premier séjour ici avec maman [...] j'ai tout de suite aimé la France et les Français, monsieur le président.

Je me sens ici chez moi, comme au Québec : portée, encouragée, aimée. » Mais son rayonnement mondial et son attachement à la mère patrie ne semblent pas suffisants à ses détracteurs.

Céline Dion a le mérite de ne jamais avoir joué de sa « québécitude » pour conquérir la France. À vrai dire, la chanteuse se situe en marge du combat identitaire francophone, mais, de façon paradoxale, elle symbolise ce combat. C'est pourquoi la polémique suscitée autour de la Légion d'honneur qu'on lui a décernée nous éclaire sur l'ambivalence des élites médiatiques parisiennes quand il s'agit de reconnaître le mérite des francophones qui n'ont pas le privilège d'être français. Comme si ces gens attribuaient plus de vertus et de talents aux artistes anglophones, américains au premier chef.

L'histoire de Céline Dion avec la France demeure malgré tout ambiguë. La chanteuse semble parfois éprouver un malaise, dans ses rapports avec la presse en particulier. Et l'on touche ici à une corde sensible. La petite fille retirée de l'école en deuxième année du cycle secondaire a longtemps été complexée par son incapacité à parler dans un français fluide, avec un vocabulaire riche et une syntaxe juste. La langue dans laquelle elle s'est longtemps exprimée ne lui permettait pas d'échanger à égalité avec des interlocuteurs maniant une langue soutenue selon le précepte de Boileau : « Ce que l'on conçoit bien s'énonce clairement. Et les mots pour le dire arrivent aisément. » Le manque d'instruction formelle a longtemps été un handicap pour la chanteuse, et, au faîte de sa gloire, en toute lucidité, celle-ci ne pouvait pas l'ignorer. Lors d'une conférence de presse avec les médias français venus la rencontrer en mai 2008, à quelques jours des concerts à Bercy, Céline Dion est apparue sur la défensive, contrairement à son habitude dans le pays où les échanges se font en anglais. Ce malaise palpable s'explique par le fait que cette langue affective, ce parler québécois des milieux populaires demeure en quelque sorte sa première langue. Une langue clanique, à vrai dire, qui ne permet pas de se faire comprendre du reste de la francophonie. Or, la star planétaire qui a aboli tous les obstacles culturels en réussissant à séduire en Afrique, en Asie, comme en Amérique du Sud, doit pouvoir s'exprimer dans une langue française plus standardisée, à la hauteur de son talent et de ce qu'elle incarne. Il est tout de même désolant de constater que l'interlocuteur le plus insignifiant par ailleurs, mais qui s'exprime dans un français soutenu peut déstabiliser la chanteuse la plus célèbre et la plus célébrée du monde.

Céline Dion ne l'admettra sans doute pas, mais elle doit secrètement éprouver une forme d'humiliation à s'exprimer dans un français qu'elle sait déficient. En France, elle a dû subir les quolibets de ses détracteurs sur ce sujet. Mais la chanteuse sait

s'adapter à tous les publics sans avoir à se dénatu-
rer. Dans un long entretien qu'elle a accordé à
l'auteure à Monaco, en juillet 2008, qui fut diffusé
grâce à TV5 Monde dans plus de soixante-dix pays,
certains ont découvert une Céline Dion à l'opposé
de la petite Céline récitant des lieux communs,
s'attendrissant mièvrement sur René et René-
Charles. Mais alors que dans le reste du monde
l'entretien fut reçu avec enthousiasme, au Québec
ceux qui dans le passé s'étaient moqués de sa langue indigente ont ridiculisé cette fois la langue plus
standardisée, plus correcte, plus fluide également
dans laquelle elle s'exprimait, consciente de parler
aux francophiles de la Terre entière. Comme si en
usant de cette langue soutenue elle reniait ses origines. Nous sommes ici devant l'ambivalence québécoise face à la France, dans laquelle Céline devient
un instrument.

L'immense succès de la star en France est aussi
tributaire du complexe des Français à l'égard de
l'importance actuelle de leur culture. Involontai-
rement, Céline cristallise les débats culturels des
uns et des autres. Pour une partie de ses détracteurs, les seules vraies stars pop ne peuvent être
qu'américaines ou de langue anglaise, pour d'autres
le fait de chanter en anglais l'exclut du combat
identitaire francophone. Céline Dion se comporte
différemment au Québec et en France, en s'adap-
tant aux uns et aux autres. « Je ne veux pas vous

contrarier, donc permettez-moi d'être en désaccord avec votre point de vue », dira-t-elle sur un ton neutre à un journaliste français qui veut la prendre de haut. « J'suis comme tout le monde. J'aime ça niaiser et rien faire. Être juste bien pis préparer à manger à mon mari pis mon fils », répondra-t-elle avec familiarité à un journaliste québécois. Elle démontre qu'il y a chez elle un côté caméléon culturel en contradiction apparente avec son profond enracinement personnel. Est-elle une chanteuse américaine ? Est-elle une chanteuse québécoise ? À l'Élysée, c'est la chanteuse universelle mais de la famille francophone que le président a décorée. Et la famille est sans doute le mot affectif le plus fréquent du vocabulaire de la chanteuse.

La famille mythifiée

« Familles : je vous hais ! foyers clos ; portes refermées ; possessions jalouses du bonheur. » Céline Dion ignore, à n'en point douter, cette affirmation lapidaire de l'écrivain André Gide qui lui dresserait les cheveux sur la tête. Car sa perception du monde passe obligatoirement par la famille dont elle est convaincue qu'elle l'a mise à l'abri de toutes les embûches semées sur sa trajectoire. À Dubaï, lors d'une conférence de presse, une journaliste lui a demandé ce qu'elle pensait de l'assertion selon laquelle on ne doit pas travailler avec sa famille. La chanteuse, sidérée par la question, a répliqué non sans ironie : « Qui a dit cela ? » Ce sont des propos qu'elle ne veut pas entendre. Pourtant, quelques minutes plus tard, après avoir fait l'éloge des liens familiaux, elle déclarera avec humour : « Mes sœurs m'aiment parce que je leur donne mes robes ! »

Au mois de février 2008 au Cap, en Afrique du Sud, au cours d'une conférence de presse où se

bousculaient les journalistes, elle a longuement abordé
ce sujet. Il faut noter que dans toutes les rencontres
avec la presse mondiale, on évoque ce thème avec
elle. Comme si Céline Dion incarnait le dernier
rempart contre l'effondrement de la structure familiale. Et il apparaît partout que cet éclatement est
vécu avec une nostalgie de ce qui n'est plus. La
chanteuse offre donc au monde l'image de la stabilité familiale. Elle est entourée de façon permanente de quelques membres du clan Dion, lequel
resurgit au grand complet à chaque événement mar-
quant de sa vie.

« La famille est ma sécurité », affirme-t-elle au
Cap alors qu'on lui demande de commenter les
dérives de Britney Spears. Céline Dion évite les
écueils de cette question et, plutôt que de disserter
sur les tristes frasques de la chanteuse américaine,
elle fait référence à sa propre expérience. « Grâce à
ma famille, je me sens équilibrée. Être la quatorzième enfant m'a appris à partager, à comprendre
que chacun a sa place, son espace, que l'autre
importe également et que chacun a droit à une partie du tout. » Elle ajoutera que tous les artistes du
show business n'ont pas eu cette chance. Sa sincérité ne peut être mise en cause puisque ce droit à
une partie du tout auquel elle fait allusion explique
aussi la générosité financière de Céline envers ses
frères et sœurs, un sujet délicat, quasi tabou. Pour
croire en sa famille de la sorte, l'affirmer haut et fort,

s'en faire le chantre, Céline Dion estime qu'il faut y mettre le prix, littéralement.

Il ne fait aucun doute que pour comprendre ce personnage complexe, loin de l'image transparente et lisse mise en avant, on doit revenir à ce cocon familial dans lequel la petite fille a grandi. L'esprit de famille est une valeur peu développée de nos jours, dans les familles limitées à un ou deux enfants. Dans ces grosses familles traditionnelles, l'individualisme de la société actuelle était impensable. Les antagonismes, inévitables entre frères et sœurs, devaient céder le pas à une forme d'entraide et de complicité face aux étrangers, c'est-à-dire ceux qui n'appartiennent pas au clan familial. À l'intérieur de la famille, les affinités existent selon l'âge, le tempérament, les intérêts, mais l'affirmation personnelle a peu d'espace pour s'exprimer.

Le destin de Céline Dion a échappé à ces règles. Étant la benjamine, elle n'a pas eu à lutter pour sa place dans la fratrie. Ce bébé inattendu aurait pu être l'enfant de ses frères et sœurs les plus âgés qui se sont empressés de la couvrir d'affection. Mais surtout, la petite fille non désirée a reçu de la part de sa mère un supplément d'affection d'où la culpabilité ne pouvait être absente. Quant à son père, il en a fait sa princesse bien avant son couronnement de chanteuse. L'attachement de Céline Dion à son père ne souffre aucune remarque même anodine.

Dans l'avion de retour d'un concert une nuit, elle a senti le besoin de me parler de son père. « Je le sens près de moi. Parfois, il m'envoie des signes », me confiera-t-elle. La star croit à la présence de l'esprit de son père. Elle me décrira des signes lumineux, des ombres dégageant de la chaleur qui l'accompagnent parfois. « Il est là, dira-t-elle. Il me protège. » Cette communion avec cet homme pour lequel elle éprouve un amour inconditionnel la nourrit spirituellement. Et sans doute cette croyance pourra aussi l'aider un jour à vaincre le déchirement inévitable de la disparition de sa mère plus qu'adorée. L'enfant fut donc le centre d'attraction dans la maison de Charlemagne et elle n'a de cesse de recréer cette bulle affective en s'entourant de sa mère et de membres de sa fratrie, ambassadeurs en quelque sorte de tous les autres.

Au cours de la tournée mondiale *Taking Chances*, Céline a vécu surtout dans les suites d'hôtel en compagnie de Manon et Linda ses sœurs, de sa mère et de René-Charles. Les femmes ont passé des heures, voire des jours, quasi cloîtrées à palabrer dans la meilleure tradition québécoise autour d'une table que René Angélil se chargeait de garnir de mets toujours trop abondants et que j'ai partagés parfois. Ces conversations où l'on commente les nouvelles familiales, l'arrivée d'un nouveau bébé, la peine d'amour d'une nièce, la maladie d'un beau-frère, ces événements qui appartiennent à la vie quotidienne, donnent à la chanteuse ce sentiment, sans doute essentiel à son équilibre, d'être « comme les autres » et avant tout comme sa fratrie. Cette illusion réconfortante, Céline Dion ne peut pas en être dupe. Pas plus que les membres de sa famille d'ailleurs. Mais qu'elle soit à Séoul, Macao, Sydney, Djakarta ou Berlin, la géographie et l'histoire, pour Céline Dion, c'est d'abord Charlemagne et les histoires de sa famille.

René Angélil, éduqué lui-même dans le respect des parents, a dû s'adapter à cette réalité incontournable qu'est le clan Dion. Si composer avec une belle-famille normale, c'est-à-dire deux ou trois beaux-frères ou belles-sœurs, suppose un sens de la diplomatie, du doigté, de la patience et une dose d'humour, qu'en est-il d'affronter une tribu de quatorze membres, tricotée serrée comme on dit au Québec ! Cela tient de l'exploit. D'autant que Céline Dion, dont il ne faudrait pas sous-estimer la lucidité à propos de ses frères et sœurs, ne tolérerait pas d'être contrariée sur ce sujet. Il y a chez elle une solidarité aveugle envers le clan. Si Céline Dion avait oublié ses origines familiales, abandonné ses frères et sœurs, elle se serait à ses yeux reniée elle-même. Cela ne signifie pas que ses relations avec sa famille soient exemptes de conflits. D'une certaine manière, son équilibre personnel repose en partie sur ses liens familiaux, mais il est facile d'imaginer que les frères et sœurs, eux, vivent avec plus ou

moins de bonheur leur statut de frère ou de sœur
« de ». Chacun bénéficie des retombées de la célébrité de la star mais, comme dans toutes les familles
dont l'un des membres atteint à la notoriété ou à la
réussite, se jouent dans l'ombre des psychodrames
où la jalousie et l'envie sont de puissants ingré-
dients de désintégration potentielle. Or, à l'évidence, la mère dominant son clan de sa forte
personnalité représente un obstacle incontournable
pour celui de ses enfants qui serait tenté d'émettre
des critiques sur la benjamine. D'ailleurs, qui oserait se dissocier vraiment d'une sœur dont une partie de la notoriété retombe sur chacun des membres
de la famille ?

En défendant la famille, en définissant sa propre
vie à l'intérieur de la structure familiale, en établissant un lien obligé entre sa réussite en tant que
femme et le fait qu'elle est portée par ces valeurs
aujourd'hui malmenées, Céline Dion rassure les uns
et en dérange de nombreux autres. Elle est la seule
star à s'affirmer de la sorte et, en ce sens, elle est
totalement à contre-courant du monde du show
business. « Je ne fais pas partie du métier qui est le
mien », dit-elle, laissant entendre ainsi que ce
milieu lui est étranger. D'ailleurs, le couple ne fréquente pas les stars. Les Madonna, Whitney Hous-
ton et autres membres des mythiques groupes de
rock ont vécu dans des excès de toutes sortes où la
drogue, le sexe et l'alcool servaient d'exutoires à

une gloire démesurée. Comment demeurer les pieds sur Terre devant tant d'adorateurs aveugles et avec un accès aussi rapide qu'illimité à l'argent, à la reconnaissance planétaire, à un pouvoir aussi terrifiant qu'enivrant ?

C'est à Séoul, en Corée, le 19 mars 2008, après un concert, que j'ai reçu une réponse, partielle peut-être, à cette question obsédante. « Comment Céline Dion réussit-elle à ne pas disjoncter de sa propre vie ? » Au cours de ce second concert, les Coréens ont confirmé leur réputation d'être un des publics les plus époustouflants, les plus enthousiastes des tournées de Céline Dion. On a assisté dans l'Olympic Gymnasium de Séoul à une sorte de possession mutuelle entre la chanteuse et ses fans. Personne dans la salle ne pouvait se soustraire à une telle communion enfiévrée. Cette énergie, faite d'adrénaline, de fascination, d'admiration et de désirs mutuels n'a pas cependant l'aspect inquiétant que l'on retrouve dans certains concerts de rock. On n'éprouve pas le sentiment d'un danger imminent, de débordements dont on connaît les graves conséquences. Car le public de Céline Dion, hormis quelques éléments fanatiques, ressemble à la chanteuse. Les « I love you Céline », les « Céline on t'aime » criés de toutes parts sont bon enfant. C'est la fille, la sœur que l'on interpelle avant tout. Ce soir-là à Séoul, pendant le concert, la force des acclamations et des applaudissements aurait pu faire sauter le plafond du stade. Céline Dion comme à son habitude a quitté la scène en vitesse et s'est engouffrée dans la limousine qui a démarré en trombe en direction de l'hôtel. On imagine l'état survolté de la chanteuse qui passe en quelques secondes de l'atmosphère électrifiante au silence ouaté de la voiture filant dans la ville désertée. Et c'est en entrant avec elle dans la suite présidentielle où l'attendaient son fils, sa mère, ses sœurs et son beau-frère que le contraste violent entre les deux vies de la star m'est apparu. Dans cette suite luxueuse et néanmoins interchangeable où les plafonniers jetaient une lumière blafarde dans l'immense mais triste pièce de séjour, ils étaient là, en pyjama ou en peignoir, les traits fatigués, pour accueillir leur Céline toujours revêtue de l'élégante robe du soir qu'elle porte pour clore le spectacle avec le hit mondial *My Heart Will Go On*, tiré du film *Titanic*. C'était la vie glamourisée qui entrait dans la pièce pour sa famille alors que Céline recouvrait, elle, sa vie sans éclat mais rassurante parce que familière et chaleureuse. « Où est maman ? » a-t-elle demandé à sa sœur d'entrée de jeu, ne la voyant pas. Mme Dion, en peignoir, les cheveux décoiffés, a surgi et dit : « Pis, comment ça été ? – Regarde les cadeaux que j'ai reçus », a répondu Céline avec une excitation de petite fille. Ce soir-là, avant le spectacle, alors que la chanteuse accueillait des invités triés sur le volet où se mêlaient des personnalités du show business, des fans gagnants de concours, des professionnels aussi de Sony Music souvent qui lui décernent des disques d'or, d'argent ou de platine pour des records de ventes, la star avait reçu des cadeaux princiers. Car parmi les invités à ce rituel baptisé en anglais « *meet and greet* » se trouvaient de richissimes industriels coréens qui l'avaient comblée de bijoux, de sacs Vuitton et autres marques de prestige, mais surtout l'un d'eux avait offert au couple Dion-Angélil un tableau surprenant fait de fils de soie et les représentant en compagnie de leur fils. Le résultat était saisissant et la famille a passé de longues minutes à s'émerveiller de ce travail de moine. Cette scène du retour est emblématique des liens entre Céline et les siens. Grâce à elle, les frères et sœurs sont parties prenantes du conte de fées. La famille a accédé non seulement à la notoriété et à ses attributs, mais aussi à un monde inconnu du commun des mortels. Les honneurs, les voyages, la reconnaissance sociale, les cadeaux luxueux sont devenus au cours des ans des réalités « normales » pour les membres de la fratrie qui bénéficient des largesses de la benjamine. Les « garages sales » ou vide-greniers, pour Céline, consistent à réunir ses sœurs chez elle et à leur offrir périodiquement des vêtements, des sacs, des chaussures qu'elle étale dans une pièce, chacune choisissant selon ses goûts. Tout est matière à fête familiale chez les Dion qui adorent le cérémonial.

Mais ce sujet reste tabou, en quelque sorte. D'autant que Céline Dion, qui se définit pourtant comme un livre ouvert, demeure d'une discrétion totale. Un fait cependant est de notoriété publique. Il y a quelques années, Céline Dion a donné en cadeau de Noël à chacun des membres de sa famille la somme de cent mille dollars. « Ma fille est très généreuse », déclare à qui veut l'entendre Thérèse Dion, transformée en millionnaire l'an dernier grâce à sa fille prodigue et dont le mari Adhémar a reçu un jour une Mercedes sport en cadeau. Il est incontestable que la petite fille pauvre mais si reconnaissante considère qu'une partie de ce qui lui appartient doit être redistribuée au clan. L'existence d'un fils héritier a certes modifié sa vision des choses, mais la chanteuse a fait la promesse à Thérèse Dion, qui n'avait pas d'exigence à cet égard, qu'elle se rendait responsable du bien-être de ses frères et sœurs après le décès de celle-ci. Elle l'a déclaré dans l'entretien diffusé sur la chaîne internationale TV-5 Monde qu'elle m'a accordé en 2008. On ne peut pas s'empêcher de penser que la benjamine renverse l'ordre familial en s'attribuant ainsi le rôle de chef de famille au sens traditionnel de pourvoyeur. Car sa foi dans les liens du sang ne repose pas sur des paroles en l'air et, en ce sens, Céline Dion appartient à un monde en voie de disparaître. L'individualisme d'aujourd'hui se traduit plutôt par des maximes du genre : « J'épanouis mon moi » et : « S'il le veut qu'il le gagne. » Les valeurs de la chanteuse seraient plus proches de la culture des sociétés africaines où le membre prospère de la famille se doit d'aider financièrement les autres jusqu'à se ruiner, ne l'oublions pas. Cela ne risque pas d'arriver à Céline mais, en s'obligeant de la sorte, elle se situe à contre-courant de nos sociétés aux liens familiaux distendus sinon inexistants et où les amis tendent de plus en plus à remplacer les fratries.

Sa vision de la famille explique en partie qu'à ce jour Céline Dion ait eu si peu d'amies. Depuis l'enfance, elle a vécu en marge de toutes ces étapes où se construit un être, alors que les amies permettent d'échapper à l'influence parentale et que les flirts de l'adolescence sont l'initiation obligée de la vie amoureuse. La star n'a connu aucune de ces réalités, occupée qu'elle était à construire sa carrière. Il lui a fallu attendre ces dernières années pour découvrir les bonheurs de l'amitié, car elle revendique aujourd'hui une amitié avec une Américaine de son âge, Robin, dont elle dit : « Elle m'aime pour moi », ce qui pourrait révéler un doute chez elle d'être non pas adulée, ce qu'elle connaît, mais comprise, respectée, appréciée dans une égalité de rapports, si rare dans sa vie de star.

Il faut s'interroger aussi sur la véritable perception qu'ont les membres du clan Dion de leur célébrissime sœur. Céline est proche de celles avec lesquelles elle a traversé son enfance, Linda et Manon en particulier, qui l'accompagnent en tournée. Linda, réservée, discrète, douce, est la marraine de René-Charles et sa mère de substitution en quelque sorte. Son conjoint, Alain Sylvestre, parrain de l'enfant, et elle-même sont les élus du couple Dion-Angélil qui leur a confié son trésor le plus précieux, ce petit garçon d'autant plus chéri que Linda n'a jamais eu d'enfant. Quant à l'autre sœur, Manon, sa confidente, elle-même réservée, sa tâche consiste entre autres à gérer la garde-robe du couple et de l'enfant (deux cents valises en tournée), un travail délicat lorsqu'on connaît la passion de la chanteuse pour les vêtements. Son frère Michel, celui-là même qui murmure dans son oreillette quand elle est sur scène, ce gardien angélique, témoigne à Céline une admiration affectueuse qu'envieraient toutes les sœurs du monde. Que ce soit à Sydney, en Australie, au dîner d'anniversaire de Céline, ou à Paris à l'Élysée, ou à Québec à l'université Laval, Michel Dion est incapable de retenir ses larmes. Sa sœur l'émeut, et l'amour fraternel prend son sens le plus noble avec lui. Ce trio familial appartient à la garde rapprochée de la chanteuse, et les sœurs vivent physiquement dans l'intimité de Céline, partageant souvent les immenses suites des palaces avec elle. Lorsque leur mère est présente, c'est-à-dire partout dans le monde à l'exception des États-Unis où Thérèse Dion fait des apparitions sporadiques – « Après des mois avec Céline, faut pas

que j'oublie mes autres enfants », me dira-t-elle –,
les deux sœurs n'ont de cesse de se préoccuper de
son bien-être et de lui tenir compagnie quand
Céline est indisponible. Mais cela n'arrive que rarement. La chanteuse a besoin de la présence de sa
mère, de sa voix au téléphone, hantée qu'elle est
par l'idée de son départ lorsqu'elles sont séparées.

On ne peut s'empêcher de penser que cette fratrie, dont les membres sont connus non seulement
au Québec mais partout dans le monde par les centaines de milliers de fans à qui rien de la vie de la
chanteuse n'échappe, vivent diversement cette notoriété. Chose paradoxale mais moins surprenante
qu'il n'y paraît de prime abord, certains d'entre eux
au sein de leur clan élargi manifestent moins de
modestie que le couple lui-même. Tout cela est
humainement compréhensible et il est évident que
Céline Dion ferme les yeux sur ces trivialités dans
son désir de ne pas perturber l'équilibre familial, de
ne pas démythifier sa famille. Elle ne l'avouera pas,
mais il y a fort à parier que personne ne peut instru-
mentaliser Céline, son mari et son fils sans qu'elle
réagisse. Nous sommes ici dans les limites que la star
a fixées et au-delà desquelles se situe sa vie intime.
Sur ce terrain-là, le livre ouvert qu'est Céline Dion
se referme.

Céline Dion possède un autre statut, plus insolite
compte tenu de son âge, celui de belle-mère, bien

qu'à l'évidence elle n'ait pas la tête de l'emploi. En effet, René Angélil a trois enfants de mariages précédents. Patrick, fils issu de la première union qui travaille au sein de l'entourage avec le titre de Tour manager, et deux autres enfants d'un deuxième mariage. Patrick a le même âge que sa belle-mère, et on peut imaginer que les relations entre eux sont à l'image de celles de toutes les belles-mères avec les beaux-enfants. Des relations complexes, faites de non-dits, d'accommodements raisonnables, d'affrontements parfois, dans ce cas d'une admiration ambivalente de la part des beaux-enfants et d'une détermination de la part de la belle-mère à faire exister des liens familiaux plus idéalisés que réels. Toute jeune femme héritant à vingt ans du rôle de belle-mère, une situation à vrai dire exceptionnelle, n'a pas de modèle auquel se référer. Il est de bon ton de nos jours de faire l'éloge des familles recomposées. Mais rares sont ceux, parents, beaux-parents et beaux-enfants, qui vivent cet état dans l'harmonie et la béatitude. Le choix amoureux des adultes ne sera jamais celui de leurs enfants et les demi-fratries ne seront jamais évidentes. Une star n'échappe pas à ces contraintes et Céline Dion, qui demeure plus que discrète sur cette dimension de sa vie, se retrouve « comme tout le monde » encore une fois.

Le parcours personnel de la chanteuse, son apprentissage de la vie, ses expériences diverses se sont tous déroulés à l'intérieur du cadre familial.

La famille mythifiée

Elle est tombée amoureuse d'un homme qui était devenu en quelque sorte un membre de sa famille. Sa mère a connu les enfants de René Angélil et s'en est elle-même occupée parfois. Céline Dion s'est retrouvée belle-mère dans la vingtaine et a dû composer alors avec une situation à laquelle elle n'était nullement préparée et pour laquelle aucun homme, même le plus amoureux, ne peut être d'un grand secours à une jeune épouse. Car les hommes remariés ont tous plus ou moins de difficultés à trancher en cas de conflit entre leurs enfants et leur nouvelle conjointe, paralysés qu'ils sont souvent par la culpabilité à l'endroit de leur ex-épouse et de leurs enfants. Pour comprendre la maturité exceptionnelle de Céline Dion, il faut retourner à ces années où non seulement elle luttait pour conquérir le monde mais où sa vie personnelle l'obligeait à assumer un rôle lourd à porter pour une jeune femme. À cet égard, il est clair que son rêve d'atteindre les sommets dans sa carrière tout en réussissant sa vie amoureuse et en demeurant à l'intérieur de l'encadrement familial exigeait des efforts surhumains et des sacrifices auxquels se refusent les superstars enivrées par leur réussite. Pour Céline Dion, la famille est à la fois l'antidote à tous les pièges de ce succès et le seul tremplin vers le bonheur. C'est évidemment ne pas tenir compte des conséquences de la gloire, comme nous le rappelle Mme de Staël en exergue de cet ouvrage.

La reine mère

C'est une maîtresse femme comme on en croise à travers le Québec où perdure une forme de matriarcat. Thérèse Dion-Tanguay est l'incarnation de cette domination des femmes alors qu'à première vue on pourrait voir en elle le prototype de la femme victime ayant vécu dans des conditions précaires et mis au monde quatorze enfants. Elle a raconté sa vie dans un livre[1], une vie où la légende semble se confondre avec l'histoire. Thérèse Dion est de la race des pionniers. Son enfance s'est déroulée, au début du XXe siècle, dans une colonie fondée par son père au fond de la Gaspésie. Celle qui habite les suites des palaces cinq étoiles avec sa fille a d'abord dormi dans la forêt sous la tente, hiver comme été, avec sa famille, avant que son père ne construise la cabane au Canada qui fait tant rêver les étrangers. Thérèse Dion, la petite fille qui

---

1. *Thérèse Dion, La vie est un beau voyage*, Georges-Hébert Germain, Libre Expression, Montréal, 2006.

voulait s'instruire, n'a fréquenté l'école que quelques années. Mais elle a reçu en héritage l'amour de la musique qu'elle a transmis à ses enfants après avoir choisi un mari lui aussi amateur de musique. Elle ignorait que sa passion la mènerait un jour aux côtés de sa fille à travers la planète où on lui rendrait hommage. Au cours de la tournée *Taking Chances*, lors de chacun des concerts, Céline Dion a répété son bonheur d'être accompagnée de sa mère de quatre-vingt-un ans, suscitant un tonnerre d'applaudissements. Lorsque Thérèse Dion était présente dans les stades, elle ne bronchait pas, ne souriait pas, drapée dans son statut de mère de la star. Ces acclamations la laissent en apparence de glace, une apparence derrière laquelle on détecte, si on l'observe bien, un immense orgueil. « Je suis fière de tous mes enfants », répète-t-elle en forme de leitmotiv lorsqu'on la complimente sur Céline. Pourtant, on l'a dit, Thérèse Dion a compris depuis fort longtemps que sa dernière, comme elle la désigne parfois, ne ressemble à aucun de ses autres enfants. Elle a découvert cela quand la petite avait trois ans et demi. « Je l'avais à l'œil. Elle s'est mise à chanter et j'ai senti sa différence », m'a-t-elle confié au cours d'une conversation fascinante où elle réussira à se raconter tout en demeurant sur ses gardes, ouverte et méfiante à la fois. Ce jour-là, à Surfer Paradise, célèbre station balnéaire d'Australie, Thérèse Dion, comme tous les membres de la tournée, vivait dans l'inquiétude, car Céline avait perdu momentanément la voix, suite à un virus, « *a bug* », disent les Australiens, qui touchait plusieurs personnes.

Thérèse Dion a du mal à supporter les indispositions de sa fille. Elle se garde bien de faire des commentaires, mais il est facile de deviner qu'elle considère que Céline est soumise à trop de pression. À l'instar de toutes les mères de sa trempe, c'est par son silence souvent qu'elle impose son point de vue.

Cette force, sa fille l'a reçue en partage. Et lorsque Céline Dion affirme que sa mère demeure son modèle, elle ne ment pas. Nous sommes face à une relation mère-fille singulière, dans laquelle l'enfant non désirée a récompensé au centuple la mère qui l'a mise au monde et qui lui a manifesté un amour décuplé, on peut le penser, par une sourde culpabilité d'avoir d'abord refusé cette vie en elle. Pour comprendre ce couple indissociable, il faut retourner à cette grossesse non souhaitée mais qui, quel paradoxe, permettra plus tard à la mère d'accéder à un monde dont elle ne pouvait imaginer l'existence. Les femmes modernes sont incapables de penser mettre au monde quatorze enfants, épuisées qu'elles sont par le fait d'accoucher une ou deux fois. Sa dure vie de privations, de labeur, de sacrifices, Thérèse Dion ne la nie pas, au contraire elle l'assume, loin de se considérer comme une victime objective de la condition féminine. Le psychanalyste Boris Cyrulnik la qualifierait de résiliente. Alors que nombre de femmes de sa génération furent incapables de conserver une identité propre et se sont effacées progressivement pour finir par se soumettre au rôle de servantes de leurs enfants et de leur mari, Thérèse Dion a dominé la situation et maintenu le contrôle sur son clan. L'apitoiement et la résignation lui sont étrangers. Elle a perçu très jeune le danger que représentaient pour elle les larmes et le ressentiment. Elle se refuse à voir le côté négatif des gens, de son mari au premier chef. Ce dernier, comme tant d'autres, fut un homme absent, inoffensif pourrait-on dire, affectueux avec ses enfants mais distrait de ses responsabilités en quelque sorte. Thérèse Dion a transmis aux enfants une vision positive du père, celui qui se reposait avant tout sur sa femme et qui ne s'embarrassait pas des problèmes et des angoisses que représentait le fait d'avoir tant de bouches à nourrir. La mère m'a raconté comment elle avait tenté de mettre un frein à ses grossesses successives. Car, dans le Québec catholique d'avant 1960, les femmes apprenaient de la bouche des prêtres, du haut de la chaire, qu'elles devaient accepter tous les enfants que le bon Dieu leur envoyait. Bien avant la naissance de Céline, elle s'en fut consulter le vicaire de sa paroisse pour qu'il intercède auprès d'Adhémar afin qu'il accepte une forme de contraception. Le jeune prêtre promit de parler à M. Dion. « Il ne l'a jamais fait », dira avec un soupir de colère rétrospective Thérèse Dion qui, à compter de ce jour, a pris ses distances avec l'Église et finira par prendre ses distances avec son mari, seul moyen de contraception à sa portée.

Voilà de quel bois se chauffe cette mère pour laquelle Céline éprouve une admiration sans bornes et qui lui ressemble à beaucoup d'égards. Car Céline Dion ignore aussi l'apitoiement. La docilité dont elle a longtemps fait preuve et qui a conduit certains à conclure qu'elle n'était que de la pâte à modeler entre les mains de cet « assoiffé de pouvoir » que serait son gérant et époux René Angélil ne leurre que ceux qui n'ont jamais approché le couple. À l'image de sa mère, Céline fut une jeune femme patiente. Elle s'est longtemps pliée aux *desiderata* de son gérant, assurée que chacune de ses décisions marquait une étape dans sa carrière. René Angélil balayait les obstacles, séduisait les indécis, écartait les importuns, détectait les profiteurs avec l'approbation tacite ou déclarée de la mère de la chanteuse. La confiance initiale de Thérèse Dion à l'endroit de René Angélil déterminera la confiance aveugle de la jeune fille à l'égard de celui-ci. En tombant amoureuse de René Angélil, Céline s'affranchissait, on l'a dit, de ses liens familiaux mais, en même temps, son choix s'inscrivait dans la continuité de celui de sa mère. Thérèse Dion n'est pas femme à se laisser séduire par les beaux parleurs. Elle a gardé de ses origines une méfiance à l'endroit de ceux qui la flattent. Sous des apparences de courtoisie et d'amabilité se cache une femme au jugement implacable et à l'intelligence remarquable. Elle en impose physiquement et, à part les sots qui osent s'adresser à elle comme à une vieille dame gentillette, tous s'inclinent devant la distance qu'elle établit avec ses interlocuteurs. Elle ne livre d'elle-même que ce qu'elle souhaite que l'on sache publiquement, et bien naïf celui qui tenterait de lui soutirer des confidences sur Céline, René et la famille. Ni la flatterie, ni la séduction ne lui font baisser la garde. En ce sens, elle est la dépositaire des secrets du clan Dion-Angélil.

Gold Coast, Australie, Marriott Hotel,
le 22 mars 2008

Ce soir, René Angélil a organisé un grand dîner pour sa belle-mère Thérèse Tanguay-Dion, dont c'était l'anniversaire deux jours auparavant. Un dîner « intime », dit-il en lançant l'invitation. Autour de la table, nous sommes une vingtaine, le premier cercle en quelque sorte, où se retrouvent les membres des deux familles présents pendant la tournée et les proches collaborateurs du couple. Sur la table dressée selon les directives du maître d'œuvre qu'est René Angélil lorsqu'il s'agit de mettre en scène des fêtes – et tous les prétextes sont bons pour lui –, nous découvrons dix bouquets et dix roses individuelles. « Regarde, maman », dit Céline à sa mère. Cette dernière comprend sur-le-champ. « C'est pour mes dix enfants absents », explique-t-elle. « C'est bien pensé », ajoute-t-elle en s'adressant à son gendre. Ces attentions sont à l'image de

René Angélil pour qui rien ne doit être épargné lorsqu'il s'agit de rendre hommage à la mère de sa femme. Un buffet somptueux s'offre à nous. On y trouve tous les fruits de mer, crustacés et poissons des côtes australiennes, des côtes de bœuf, de porc, des plats exotiques, tous les légumes de la Terre, pour satisfaire la mère de Céline qui pratique un végétarisme léger, car elle y inclut le poisson, et des dizaines de desserts à rendre fou et surtout obèse. Mme Dion nous dira : « Vous connaissez René. Il en fait toujours trop » en commentant cette extravagance gastronomique. Bien sûr, le champagne Cristal, la marque préférée de Céline qui boit peu de vin mais apprécie ce roi du vin de Champagne, comme le désignait la romancière Colette, et des grands crus de Bourgogne ont été choisis par le célèbre gendre qui lui-même touche à peine à ces merveilles. Mme Dion, accompagnée de ses enfants, de René et René-Charles, était entrée dans la salle sous les bravos, la tête haute, sans sourire comme à son habitude. Les enfants entourent leur mère et s'adressent à elle avec respect et affection. Mme Dion parle peu ; elle préfère à l'évidence les conversations en tête à tête mais elle domine de son ascendant l'assemblée. À la fin du repas, on apporte un gâteau illuminé de quatorze petites bougies et d'une plus grande en retrait. Céline se lève et prononce un discours très senti. « T'es notre modèle. T'es une femme de courage et d'honneur. Tu nous as appris le respect des autres. On est fiers d'être tes enfants. »

Céline sait comment toucher sa mère sans jamais mettre ses frères et sœurs en retrait. Manon, Linda et Michel sont émus aux larmes lorsque Céline nous explique que la bougie isolée représente le père, Adhémar, décédé en 2003. Mme Dion hoche la tête et demeure silencieuse. René, en retrait, sa position respectueuse habituelle face à la famille Dion, semble satisfait. Il a fait les choses en grand, Céline est heureuse. La soirée se termine par la présentation d'un DVD où les dix enfants absents rendent hommage à leur mère. Le clan Dion est soudé grâce à la technologie et nous assistons en étrangers à ce spectacle où les propos des Dion dans la salle font écho à ceux du clan réuni à Montréal, autour d'une table bien garnie et bien arrosée. Une assemblée de Dion ressemble à une société secrète. Ni la langue, ni l'humour ne nous sont accessibles.

Mais Mme Dion, elle, n'est pas une femme d'effusions et de débordements affectifs. Elle appartient à sa génération et la dureté de sa vie l'a blindée contre les attendrissements. On n'élève pas quatorze enfants en pleurant. Sur ce point, Céline ne ressemble pas à sa mère, elle qui a tant pleuré en public. Mais la femme de quarante ans, si mûre et si lucide, a appris avec l'âge, et les célèbres larmes ne coulent plus à flots. Prenant le contrôle de sa vie, Céline Dion réserve désormais ses émotions à sa vie intime, laquelle se déroule à l'abri des caméras omniprésentes tout au long de sa carrière. À vrai dire,

Céline avec l'âge tend à ressembler à sa mère en gardant pour elle et ses rares intimes ses émotions les plus intenses. En ce sens, les émotions publiques appartiennent à sa vie publique.

Après la mort de son mari en novembre 2003, Thérèse Dion a décidé de reprendre son nom de jeune fille, un geste réfléchi, indiquant sa volonté de recouvrer une identité hors de son statut de mère. Fini « Maman Dion », Thérèse Tanguay ressuscite. Au Québec, sous la pression du mouvement féministe, seul le nom de jeune fille est devenu légal mais les femmes de la génération de Thérèse Dion ont conservé en général le nom de leur mari, nom sous lequel elles sont connues. Pour elles, en changer serait socialement disparaître. Thérèse Tanguay-Dion ne s'embarrasse guère de ces considérations. Son souhait d'exister en dehors de la maternité et du cercle familial illustre son caractère trempé et son besoin de liberté. Depuis quelques années, celle qui n'avait jamais tissé de liens d'amitié (où en aurait-elle trouvé le temps ?) possède des amies avec lesquelles elle se sent revivre. Elle s'en est ouverte lors de notre longue conversation à Surfer Paradise. « J'ai du plaisir avec mes amies, je les ai choisies moi-même. On rit, on fait de la couture. Je n'avais pas connu ça auparavant, sauf avec une amie d'enfance. Et peu importe, ajoute-t-elle, si quelques-uns de mes enfants ont le sentiment d'être délaissés. » Thérèse Tanguay accède à la liberté et cette liberté l'enchante. « Céline m'approuve. Elle comprend mes besoins », précise-t-elle en manière d'argument final. Normal, puisque sa dernière fille dans son incroyable parcours s'est elle-même affranchie en quelque sorte de sa dépendance vis-à-vis de son entourage professionnel et poursuit sa carrière sans qu'aucune décision majeure soit prise hors de son consentement. De plus, celle qui n'avait jamais eu de vraies amies désormais en revendique une en dehors de son cercle familial, et en cela Thérèse Tanguay et Céline Dion continuent de vivre en osmose, mère et fille évoluant dans la même direction.

Cette relation entre la mère et la fille fait rêver sur tous les continents. La Terre entière aime la vie de Céline Dion, et dans cette vie, la mère tient un rôle fondamental. « Pourquoi aimez-vous Céline ? » demandai-je dans toutes les villes où la star s'est produite. « Parce qu'elle est proche de sa mère », me répondait-on à maintes reprises. Mais c'est au Cap, en Afrique du Sud, que j'ai pris la dimension de la célébrité de la chanteuse et de sa mère. Un dimanche matin, j'ai parcouru le marché coloré où se retrouvent les touristes et les familles du Cap venus se distraire en écoutant de jeunes musiciens traditionnels. Je me suis arrêtée devant un kiosque où un garçon tout sourire offrait de jolies statuettes venues du Botswana. À sa façon de parler l'anglais, j'ai compris que sa langue était le français. De fait, il venait du Cameroun. Au cours de l'échange amical qui s'ensuivit, il m'a demandé la raison de ma présence dans le pays. « J'accompagne Céline Dion. Vous la connaissez ? » ai-je-demandé. Il m'a regardée, sidéré. « Si je la connais ! Mais tout le monde la connaît dans mon pays. Moi, je l'adore. Mais je vais vous étonner. Céline c'est ma chanteuse préférée. Mais ça n'est pas mon idole. Mon idole, c'est sa mère, Mme Dion. Je l'ai vue sur Internet. Elle n'a pas froid aux yeux. Avec ses quatorze enfants, elle n'a peur de rien. J'aurais aimé l'avoir comme grand-mère ! »

L'anecdote ne s'invente pas. La ferveur avec laquelle Céline Dion est accueillie partout semble indissociable de la vie qu'elle mène, des valeurs qu'elle représente et du jugement que l'on porte sur les deux êtres qui ont jalonné son parcours, sa mère et son gérant et mari René Angélil. Cette trinité-là est au cœur du mythe Céline Dion.

René Angélil

Le personnage fascine et en impose grâce à son physique de cheik qui avec l'âge trahit ses origines moyen-orientales. Difficile de résister à son charme, car l'homme possède une redoutable capacité de séduction qui aveugle ceux qui l'approchent. On le soupçonne d'être brutal et intempestif puisque René Angélil déroge rarement à son instinct et ses intuitions, si bien que les téméraires ou les inconscients qui osent l'affronter sur des décisions qu'il estime fondamentales n'ont pas envie de récidiver. Il charme et on le craint. L'homme bout intérieurement, mais son calme apparent en leurre plus d'un. Cet impatient irréductible dont les exigences sont instantanées sait pratiquer la patience sourde des vrais conquérants. Son affabilité et sa politesse exquise peuvent exploser sous l'emprise de la colère. Joueur compulsif, il s'en explique dans un livre confession[1] où il

---

1. *René Angélil, le maître du jeu*, Georges-Hébert Germain, Libre Expression, Montréal, 2009.

reconnaît être malade du jeu et y avoir perdu des sommes qu'il ne chiffre pas. Désormais, il contrôle cette pulsion en acceptant un encadrement financier. Il ne peut pas signer seul ses chèques. Sa dureté de joueur se justifie par une allergie face à la possibilité de perdre, et explique en même temps la montée vertigineuse de la carrière de sa protégée. Ce bluffeur de grande classe fut intraitable tout au long de sa vie. Ni la réussite ni la gloire n'ont altéré ce trait de caractère chez lui. René Angélil est un personnage romanesque, plus grand que nature, plus contradictoire encore qu'il n'y paraît. En un sens, plus on le côtoie, plus il devient opaque.

Que Céline Dion en ait fait l'homme de sa vie nous éclaire aussi sur elle. Ces deux êtres partagent une ambition qui n'a plus rien à voir avec l'argent, la gloire et la notoriété. Ce sont deux êtres liés par une même rage de vivre.

René Angélil a cru tout au long de sa jeunesse qu'il arriverait à faire sauter les banques des casinos de la planète, s'accordant ainsi le pouvoir de contourner le hasard. Bien malin celui qui pouvait calculer les chances qu'avait la petite fille de Charlemagne d'atteindre les sommets du show business. René Angélil fut avec Thérèse Dion et son fils Michel le seul à y croire, et cette foi qui soulève les montagnes lui a permis de demeurer sourd face à ceux qui tentaient de lui remettre les pieds sur Terre. René Angélil ne l'avouerait certainement pas mais il possède une connaissance profonde des faiblesses humaines et il peut en tirer parti. Il sait manipuler, flatter, impressionner et, avant tout, il est un porteur de rêves. Paradoxalement, il manifeste une attention de tous les instants à ceux qui l'approchent. Il a le don de jauger rapidement les êtres sans donner le sentiment qu'il les juge. Cet homme qui peut être si abrasif possède aussi le talent d'apaiser les autres. Il calme le jeu sans faire preuve d'agacement ou d'irritabilité.

Il y a chez René Angélil un côté clinquant qui s'est atténué avec l'âge. Il s'habille avec une élégance discrète, en noir la plupart du temps, et il apprécie et recherche les objets luxueux, les palaces, tous ces attributs visibles de la réussite financière. Il possède une fortune personnelle, mais son rapport à l'argent est intimement lié à son penchant pour le jeu. Perdre et gagner sont les deux mouvements de sa dynamique personnelle. Pourtant, c'est un mauvais perdant et il apparaît évident que ses nombreuses victoires professionnelles n'ont pas suffi à changer ce trait de sa personnalité. De fait, chaque défaite qu'il subit le convainc de l'urgence de remporter le combat suivant.

René Angélil a réussi à calquer sa vie sur le poker, à moins qu'il n'ait trouvé dans ce jeu le miroir qui le renvoie à lui-même. L'art du bluff, il l'a exercé dans sa forme la plus accomplie à toutes les étapes de la carrière de Céline. Et il est devenu un orfèvre en la matière parce qu'il possède ce talent rare de faire rêver son interlocuteur. L'homme soulève la curiosité et le désir chez les autres. Il produit un effet contagieux auquel on ne résiste pas. À Berlin, en juin 2008, pendant la tournée, je l'ai accompagné avec son beau-frère Alain Sylvestre, parrain de son fils, et deux amies américaines dans le plus grand magasin au monde, dit-on, le célèbre Ka De We. On lui avait parlé des rayons d'alimentation à faire saliver même les plus rassasiés. Or, René Angélil, c'est bien connu, est un gourmand. Son plaisir de manger est indissociable de son plaisir de vivre. Il fallait le voir s'extasier devant l'abondance de saucisses, de jambons, de plats cuisinés dans la meilleure tradition allemande, dégoulinants de porc bien gras, de gibiers noyés dans des sauces aux fruits, de grosses langoustes déposées sur des coussins de mayonnaise, toutes ces nourritures riches, solides, réconfortantes qu'il affectionne tant. « Comment ai-je pu venir à Berlin avant sans que quelqu'un m'ait amené ici ? » me dit-il. Tel un gamin dans un magasin de bonbons, lui si flegmatique en apparence s'excitait à l'idée que nous allions choisir ce qui nous faisait envie. Il disait, les yeux brillants : « C'est extraordinaire ! Avez-vous déjà vu ça ailleurs ? » Et, en découvrant au tournant d'une allée les centaines de fromages, de fruits et légumes importés du monde entier, les gâteaux de toutes les dimensions, à la crème, au sucre, aux fruits confits, il répétait, l'air ébahi : « C'est le plus bel endroit au monde. C'est inouï ! » Son enthousiasme, son ravissement, il fallait le partager. La moindre retenue l'aurait déçu, choqué probablement. Et, après avoir parcouru avec lui ce circuit gastronomique, René Angélil, grand seigneur comme à son habitude, nous a invités à prendre tout ce qui nous faisait plaisir. « Prenez de la langouste. Regardez-moi le foie gras, allez, choisissez-vous une grosse tranche », insistait-il. Je me suis obligée à manger davantage qu'à l'habitude simplement pour lui faire plaisir. Car René Angélil est un ensorceleur. À ses côtés, on finit par percevoir la réalité à travers sa vision amplifiée. C'est ainsi qu'il a convaincu les maîtres du show business américains que la petite Céline, star du Québec francophone, allait devenir la plus grande chanteuse de la planète et qu'ils s'en mordraient les pouces et le portefeuille s'ils rataient cette chance unique que lui, René Angélil, son gérant, ex-chanteur pop et fils d'immigrants syriens, leur offrait. Au Ka De We de Berlin, nous avons tous rempli nos assiettes à ras bord, parce que René Angélil avait réussi à transformer cette visite dans un magasin d'alimentation, impressionnant certes, en un événement de caractère unique dont nous étions les acteurs privilégiés.

Nous ne sommes plus ici dans le pouvoir de conviction mais dans l'art de subjuguer les autres. Cet art tant pratiqué par René Angélil, la chanteuse, en élève douée, l'a appris du maître et l'exerce à son tour avec un talent à la hauteur de sa voix. Ceux qui s'approchent de Céline Dion et ne succombent pas à son charisme sont rares ou font preuve de mauvaise foi.

René Angélil se déplace rarement seul. La plupart du temps, il est accompagné d'un garde du corps ou de collaborateurs dont il est facile de deviner qu'ils lui sont plus que dévoués. Il suscite la crainte, car, derrière l'affabilité et la rondeur du personnage, se cache aussi un homme autoritaire qui exècre l'incompétence, la fourberie et le manque de loyauté. Et, autre paradoxe, l'homme se laisse attendrir par des gens encombrants qui cherchent par tous les subterfuges à entrer en contact avec lui dans le but d'obtenir des faveurs ou une audition.

À la fin d'un concert à Johannesburg, en Afrique du Sud, vers une heure du matin, René Angélil a consenti à écouter dans le hall de l'hôtel un apprenti chanteur qui faisait le pied de grue depuis deux jours. C'était au début de la tournée mondiale, l'organisation connaissait de sérieux ratés, René Angélil vivait sous haute tension et la fatigue se lisait sur sa figure. Après avoir écarté un collaborateur qui avait tenté d'éloigner l'artiste en herbe, il a écouté patiemment le chanteur au filet de voix et au talent hautement hypothétiques, avec la même attention que s'il s'était agi de Céline. À la fin de cette contre-performance, je me suis demandé comment il allait réagir. Et que pouvait-il dire ? René Angélil a hoché la tête et souri au garçon tremblotant. Il lui a donné quelques conseils sur des détails de son interprétation, ce qui lui épargnait de porter un jugement sur l'ensemble de l'exécution. Puis, après lui avoir serré la main, il s'est retiré sans manifester à son entourage la moindre réaction qui aurait trahi ce qu'il pensait vraiment. En fait, une des qualités remarquables de René Angélil est le respect qu'il porte à tous les artistes véritables ou apprentis. Celui qui identifie d'emblée le talent chez les autres sait forcément reconnaître l'absence de talent, mais jamais l'on n'entendra dans la bouche de René Angélil de jugements définitifs ou destructeurs sur des artistes. De plus, l'homme s'incline devant le succès populaire, car la reconnaissance du public à ses yeux commande le respect. Cela explique son allergie à tout jugement artistique élitiste. Jamais le gérant de Céline Dion ne pourrait se résoudre à tenir des propos désobligeants sur les fans de Céline ou même sur les stars que d'aucuns pourraient croire en compétition avec la chanteuse. L'homme admire la compétence et la réussite dans quelque domaine que ce soit. Par exemple, il vénère sans réserve la performance sportive et compare souvent Céline aux athlètes olympiques et aux dieux des stades.

René Angélil pose sur les événements et les gens un regard d'homme de spectacle. À preuve sa réaction lors de la libération d'Ingrid Betancourt en juillet 2008. René et Céline ont suivi, bouleversés, l'arrivée de la Franco-Colombienne à Paris. René Angélil s'est extasié devant la façon magistrale dont Ingrid Betancourt s'est comportée lors de sa descente de l'avion présidentiel au pied duquel l'attendaient Nicolas Sarkozy et Carla Bruni ainsi que des dignitaires et des amis intimes. Il ne cachait guère son admiration pour la façon dont Ingrid Betancourt s'était adressée à la foule et aux médias. « Elle parlait comme si elle lisait sur un télésouffleur. Ça coulait, sans hésitation, son émotion était contrôlée, elle a pris la main du président au bon moment, c'était une très grande performance », nous disait-il le lendemain. René Angélil, homme de show business, considère que la vie doit être mise en scène pour rejoindre les autres et que l'émotion se doit d'être communiquée pour exister. À cet égard, il est le premier artisan de la mise en scène publique de la vie privée du couple. D'une certaine façon peut-être croit-il qu'en braquant la caméra sur sa vie le couple est davantage à l'abri des malheurs du monde.

René Angélil

En 1999, au moment où il récupérait du cancer qui l'avait obligé à cesser ses activités professionnelles, il aurait souhaité qu'au stade de France à Paris Céline chante *Ne me quitte pas* de Jacques Brel. Son entourage le lui a déconseillé, estimant que la chanteuse ne devait pas être plongée dans un débordement émotionnel si fort et que le public ne saurait être soumis à un tel étalage de sentiments intimes. Mais René Angélil, qui devait assister au spectacle en direct par satellite depuis sa résidence de Palm Beach, en Floride, insistait pour entendre sa femme chanter ces paroles de Brel, des paroles quasi intolérables compte tenu de son état de santé du moment :

> *[...]*
> *Je creuserai la terre*
> *Jusqu'après ma mort*
> *Pour couvrir ton corps*
> *D'or et de lumière*
> *Je ferai un domaine*
> *Où l'amour sera roi*
> *Où l'amour sera loi*
> *Où tu seras reine*
> *Ne me quitte pas [...]*

Le désir d'étaler publiquement le malheur de leur couple en le médiatisant à l'extrême nous amène à réfléchir sur ce besoin de René Angélil et Céline de faire partager à la Terre entière leur intimité. Ce désir, sans doute plus pressant chez René Angélil que chez la chanteuse, ne reposerait-il pas sur une conviction irrationnelle qu'en prenant la Terre à témoin leur couple est protégé des tragédies, la médiatisation agissant comme un paratonnerre ? En acceptant de chanter *Ne me quitte pas* à son mari soumis aux traitements de chimiothérapie, Céline aurait exorcisé peut-être, aux yeux de René, la terrible angoisse qu'il éprouvait lui-même à la quitter pour toujours. Ceux qui dans l'entourage ont refusé de faire subir cette épreuve à la chanteuse au Stade de France ont non seulement protégé cette dernière mais aussi René Angélil dans un des rares moments de sa vie où il apparaissait dépendant, bien qu'ayant, en joueur invétéré, pris un pari sur sa vie.

Contrairement à Céline, René Angélil entretient des amitiés masculines qui lui permettent de vivre dans une liberté que ne connaît pas sa femme. Ses amis, loyaux et fidèles depuis des décennies, répondent présent dès qu'il les réclame, mais on aurait tort de croire que ses amitiés sont à sens unique. René Angélil est aussi un homme de principes avec un sens de la hiérarchie à toute épreuve. Celui qui vit dans l'obsession de l'instant liée à un agenda ingérable pour la majorité des gens peut faire éclater son horaire pour se porter au secours d'un ami dans le besoin. Il a passé des heures au téléphone à rassurer un des membres de l'organisation qui venait d'apprendre qu'il était atteint du même cancer que lui. Jour et nuit, compte tenu des décalages horaires, il est demeuré en contact avec ce dernier qui devait subir la même opération et les mêmes traitements de chimiothérapie. Je l'ai appris par hasard quelques semaines plus tard de la bouche même du malade réapparu à l'étape européenne de la tournée. Sa générosité ici se fait discrète et éloignée des caméras et des communiqués de presse. De plus, durant la tournée, au gré des villes et des continents, des amis ont traversé la planète afin de partager quelques jours avec René Angélil les plaisirs du poker, du golf et des conversations entre hommes, sortes de cérémonies aux rites impénétrables pour les non-initiés. Car en présence de ses amis René Angélil donne l'impression de recréer l'atmosphère d'une société secrète au langage codé où se pratique un humour hermétique et qui use de références qui échappent aux étrangers. Il ne fait pas de doute que l'esprit de corps, la solidarité et la complicité unissent cette bande composée de battants aux réussites professionnelles éclatantes, dans le sport et les affaires en particulier. Les collaborateurs de René traitent ses amis avec tous les égards dus à l'importance qu'ils revêtent dans la vie du patron. Ils appartiennent à sa vie personnelle, où le jeu prend la place que l'on sait. Les liens amicaux qu'ils ont tissés avec Céline n'en font pas pour autant des amis de la chanteuse, même si celle-ci a noué dans le passé des relations chaleureuses avec quelques-unes de leurs conjointes. Il faut souligner que la différence d'âge, vingt ans souvent, entre Céline et ces femmes ne favorise pas le type de relations que recherchent en général les jeunes femmes qui ont plutôt tendance à choisir des amies de leur âge.

En d'autres termes, René Angélil a toujours conservé une vie parallèle à celle qu'il partage avec sa femme, une vie de jeu et d'amitiés qui lui donne l'occasion de s'échapper du monde fusionnel et familial si essentiel à l'équilibre de son épouse. Et les vingt-six années qui séparent le mari de son épouse, bien qu'ayant joué un rôle majeur dans l'évolution de la jeune femme en contribuant à sa maturation, ne permettent pas au couple de partager une même mémoire. René Angélil ne pouvait effacer quarante ans de vie lorsqu'il a rencontré la petite fille de Thérèse Tanguay-Dion. Les amis de René Angélil appartiennent avant tout à son monde, son âge et son autre passion, le jeu, si fortement éloignée de la nature de Céline Dion dont son mari affirme pourtant qu'elle serait une formidable joueuse de cartes.

René Angélil a une connaissance intime du peuple dont il se réclame et du public international admirateur de la chanteuse. Grâce à ses qualités, il aurait pu devenir une éminence grise de la vie politique. Bien qu'il soit devenu célèbre, le plus célèbre des gérants d'artistes de la Terre, ayant dépassé son maître dans le genre, le flamboyant colonel Parker, gérant d'Elvis Presley, il a tendance à demeurer dans l'ombre, là où s'élaborent les stratégies des victoires. Dans les tournois de poker, il porte de mythiques lunettes teintées empêchant ses adversaires de démasquer son regard, si pénétrant par ailleurs. Superstitieux à l'extrême, il demeure convaincu qu'il a perdu un tournoi de poker en mai 2008 à Paris parce qu'il avait oublié les lunettes fétiches dont il croit fermement qu'elles lui portent chance. Ce saut dans l'irrationnel et la pensée magique, René Angélil ne s'en défend guère. Bien au contraire, il tente plutôt d'en convaincre ses interlocuteurs sceptiques, dont je suis. Ce qui fait de lui un personnage à la fois méfiant et candide.

Il ne faut pas croire que René Angélil dédaigne la notoriété. Lorsqu'il entre dans les stades quelques minutes avant le spectacle, sous les acclamations de la foule, il demeure discret mais ne boude pas son plaisir. Chose à peine croyable, René Angélil ne semble jamais blasé et ne cesse de s'étonner des réactions ferventes des divers publics. Au Cap, en début de tournée, il a décrété : « C'est le meilleur public que j'aie jamais vu. » À Séoul, quelques semaines plus tard, il a déclaré : « C'est fou ! Les Coréens sont malades de Céline. Ça dépasse tout. » Et il nous préviendra de l'accueil en France par ces mots : « À Paris, c'est dans une catégorie à part. Ça ne se compare à rien. »

L'homme a un culte pour sa chanteuse et il n'est pas loin de croire à son invulnérabilité. On l'accuse de mettre trop de pression sur elle, on insinue qu'il l'a transformée en caisse enregistreuse, qu'il la contrôle de façon tyrannique, mais, si ces reproches correspondaient à la réalité, Céline Dion n'aurait pu atteindre sans heurt et sans perturbations majeures le sommet professionnel et s'y maintenir. Il demeure le premier responsable de la surmédiatisation de la star et de son fils mais, sans le consentement de Céline, il n'aurait pu réussir cette stratégie de marketing, puisque c'est bien de cela qu'il s'agit. Cependant, le champion toutes catégories de la promotion de sa famille se garde bien de se livrer même s'il vient de consentir à reconnaître publiquement sa dépendance au jeu. Ses états d'âme et ses angoisses, rares, très rares sont ceux qui peuvent se vanter de les partager avec lui. René Angélil demeure non pas humble mais modeste, extrêmement attaché à ne pas indisposer les fans de la chanteuse et le Québec qui lui a permis de se réaliser. Allergique à toute forme d'élitisme, il se méfie des hâbleurs, leur préférant les bluffeurs. Calculateur mais d'une générosité prodigue, il semble retirer davantage de plaisir à donner qu'à recevoir. Mais le plus fascinant à propos du personnage tient au fait qu'il apparaît spectateur de sa propre vie, incrédule devant sa gloire et secrètement terrifié face à l'avenir. Pour ajouter au paradoxe, l'homme intraitable parfois, qui peut être cassant et dominateur dans certaines occasions, demeure un être sentimental qui pleure en regardant sa femme sur scène et qui se laisse attendrir par ceux qui ont su l'émouvoir. Céline est sans doute la seule personne au monde à connaître cet homme qui réussit l'exploit de conserver son ombre dans la lumière de leur gloire partagée.

Le couple

Elle est tombée amoureuse de l'homme qui lui renvoyait d'elle à quinze ans l'image de la star qu'elle est devenue. En dépit des apparences, la petite fille gauche, au physique ingrat, incapable de s'exprimer en dehors des moments où elle chantait, cette petite Céline se consumait de l'ambition de devenir la plus grande chanteuse au monde. Je me souviens à l'époque d'avoir entendu René Angélil tenir ce discours et, comme la majorité des gens, j'ai cru que le type était un affabulateur. Ils étaient nombreux alors à sourire des prétentions de l'ex-chanteur du groupe pop Les Baronets. La petite fille n'ignorait pas que ce dernier la défendait contre vents et marées. Il ne lui offrait pas la lune mais les moyens pour qu'elle réussisse à la décrocher elle-même. S'il a cru à sa docilité, à son obéissance, des qualités à ses yeux nécessaires pour qu'ils parviennent à leurs fins communes, il a vite compris que l'enfant n'était ni malléable ni corvéable à la demande. Il était « en business », comme il aime à le dire, avec une adolescente attachante, intense, vibrante et avant tout à la voix unique. L'amour ne faisait pas partie de la planification de René Angélil. C'était une petite fille et lui un monsieur avec des enfants du même âge. Tabou et inceste moral à la fois.

Elle l'a aimé à la manière des romans à l'eau de rose. Dans le secret de son adolescence déjà atypique. Elle l'a aimé douloureusement, le propre des amours inavouables. Elle l'a aimé avec incandescence et cette intensité dont peuvent témoigner tous ceux qui l'ont vue se produire sur scène. Sans filet, au bout d'elle-même, livrée en pâture à son public mais en contrôle total de la situation, Céline Dion, ce livre ouvert, a gardé pour elle les contours du premier et seul amour qu'elle a connu à ce jour. Tout ce qu'elle a raconté sur cette « tombée en amour », anglicisme québécois si imagé pour *fall in love*, appartient à sa vie publique. La question de l'âge a perdu de son intérêt, l'adolescente, malgré la tutelle de sa mère, étant déjà affranchie, isolée dans une solitude qui ne cessera de s'accentuer.

L'homme qui prévoit tout dans les moindres détails n'a longtemps rien soupçonné des tourments de la jeune chanteuse dont il était la cause. Les hommes, quel que soit leur âge, saisissent mal les sentiments amoureux qu'ils suscitent chez une femme. Ils croient conquérir, douce illusion dans laquelle les entretiennent les femmes, car ce sont elles, la plupart du temps, qui les choisissent. Céline Dion, à cet égard, ressemble à toutes les autres. Après avoir côtoyé le couple, il paraît évident que René Angélil a non seulement ignoré le trouble de la jeune fille durant plusieurs années, mais que l'aveu de cet amour l'a plongé dans un état proche de la panique. Et cela pour des raisons autant professionnelles que morales. René Angélil est un homme réservé et pudique aux valeurs solides. Malgré ses séparations, ses deux divorces, sa vie personnelle a toujours été à l'abri des scandales. On pourrait dire de sa vie amoureuse qu'elle fut conventionnelle, sans les aspects sulfureux qu'on retrouve dans le monde du show business. Cet amour que lui a porté Céline, et qu'elle lui a exprimé plus tard à la fin de son adolescence, il l'a certainement considéré comme impossible, interdit et destructeur lorsqu'il en a pris conscience. Il a éprouvé de la peur après cet aveu. Peur du sentiment dont il dut admettre qu'il était réciproque, peur de la réaction de Mme Dion, de celle de ses propres amis, de sa famille et enfin du public. C'était sans compter l'acharnement de la première en cause, la jeune femme à qui il consacrait sa vie, en qui il croyait avec l'aveuglement de la foi et qu'il entourait de ses attentions et de son admiration. Céline Dion, projetée vers son destin, ne partageait aucun des intérêts des filles de son âge. Dans sa fougue, elle a ignoré les obstacles objectifs d'une relation amoureuse avec son gérant, un homme dont elle aurait pu être la fille, lié de plus par des obligations familiales impossibles à assumer pour une fille de son âge. Mais elle l'avait choisi et, de fait, il est devenu prisonnier de celle dont il proclamait qu'elle séduirait la Terre entière sans imaginer qu'il pouvait être, lui, sa première et heureuse victime. Le début de l'histoire de ce couple, dont on ne doute pas lorsqu'on le côtoie qu'il soit inséparable, est à l'image de Céline Dion, l'architecte de son propre destin. René Angélil n'avait plus qu'à déposer les armes et laisser libre cours à cette passion singulière.

Dans le show business, il n'est pas rare que les chanteuses tombent amoureuses de leur gérant. Ces relations professionnelles se vivent dans la fébrilité, l'inquiétude, l'exaltation ou le découragement au gré des succès et des insuccès de l'artiste. Le partage d'émotions si fortes où l'un vit de l'autre et par l'autre dans une fusion permanente favorise les épanchements et l'intimité. On peut penser que Céline Dion est devenue amoureuse de René Angélil d'autant plus aisément que ni sa mère ni celui-ci ne pouvaient deviner la précocité affective de celle qu'ils considéraient à titres divers comme leur petite fille. C'était oublier que Céline Dion fut une enfant dépossédée de son enfance par sa propre passion de chanter. Elle a échappé à la loi de son âge, de son milieu et de son sexe. Une seule personne partageait sa vie haletante, et c'était son gérant pour qui vivre signifiait désormais vivre pour elle ou plutôt pour le couple qu'ils constituaient déjà à son insu. Il n'est pas étonnant que Thérèse Tanguay-Dion, qui formait avec sa fille le second couple de ce trio, ait perçu instinctivement, sans se l'avouer peut-être, ce qui allait devenir la grande histoire d'amour de son bébé.

La médiatisation de cet amour à la Pygmalion a provoqué des réactions enthousiastes ou sceptiques, voire la désapprobation. Pour les uns, le conte de fées s'accomplissait. Pour d'autres, la jeune Céline, naïve et dépendante, avait été ensorcelée par le ténébreux ambitieux. Rien ne fut donc épargné au couple. Pendant que Céline libérée de son secret vivait son nouveau bonheur publiquement, René Angélil s'attachait à les protéger tous deux et, ne reculant devant aucun paradoxe, il choisit pour ce faire de dévoiler leur nouvelle vie. Céline, qui avait tant souffert d'avoir à garder pour elle cet amour comme un secret honteux, se prêtait avec candeur à toutes les entrevues dans les médias, québécois comme internationaux. Afficher leur bonheur, ils le devaient aux fans. D'ailleurs, c'est ainsi que René Angélil justifie le fait de rendre publique leur vie privée. Mais au-delà de cette rationalisation, on détecte aussi chez lui, on l'a dit, une conviction, sans doute inconsciente et où la superstition n'est pas étrangère, que cette mise en scène les rassure. Si c'est écrit dans le journal et si on le voit à la télévision, n'est-ce pas la preuve que cela existe, que cela n'est pas une illusion ? Comme si la diffusion de masse des événements privés confirmait en quelque sorte qu'ils étaient bien réels. Dans cette perspective, René Angélil, traditionnel par ailleurs, appartient à la culture médiatique dans son expression la plus exacerbée.

La vie des stars fascine et rassure. À l'ère de l'apogée de la presse people, les stars, dans tous les secteurs d'activité, font vendre au point d'être devenues le fonds de commerce d'une presse par ailleurs en difficultés financières. Le couple Dion-Angélil incarne pour nombre de gens un modèle de stabilité et de réussite. C'est un couple à contre-courant, sans les cadavres dans le placard que recherchent les prédateurs de malheur. Le couple s'est construit dans une admiration mutuelle avant même que l'amour surgisse. Pour avoir assisté à plusieurs concerts de Céline Dion assise aux côtés de son mari, la plupart du temps dans la console du son, située au cœur de la foule tout en étant en retrait d'elle, j'ai pris la mesure de cette admiration qui cimente le couple. J'ai été frappée de constater la ferveur sans cesse renouvelée qu'exprime René Angélil pour sa femme qui se produit sur scène. Son visage passe par toute la gamme des émotions. Lorsqu'elle triomphe, le sourire est retenu, s'il la sait vulnérable à cause de la fatigue, il demeure stoïque, et s'il craint pour sa voix comme cela s'est présenté trop souvent au cours de la tournée mondiale, l'anxiété se lit dans son regard qui s'assombrit. Après chaque concert auquel assiste, sauf à de rares exceptions, René Angélil, le couple se retrouve en tête à tête dans la limousine qui les ramène à l'hôtel. Mais il est arrivé souvent au cours de cette longue tournée, en particulier en Europe et aux États-Unis, que la chanteuse et son entourage établissent leur quartier général dans une grande ville et fassent des allers et retours vers les lieux des spectacles dans l'avion privé devenu durant un an l'extension de leurs suites d'hôtel. Je les ai accompagnés à quelques reprises et à une occasion j'ai été à même d'observer la dynamique du couple à l'abri des médias. Après un spectacle, quoi qu'en ait pensé René Angélil, c'est la chanteuse qui détermine la qualité de sa performance. Dans l'avion qui nous ramenait une nuit de Munich à Berlin, Céline était en rage, insatisfaite d'elle-même. Assise en face de son mari, la fatigue et le stress aidant, elle se défoulait devant lui. « Si je n'aime pas chanter, disait-elle en le bombardant du regard, c'est fini. FINI, m'entends-tu ? Il faut quitter au sommet de la gloire et de la forme. » Elle semblait faire un reproche à René. Elle le menaçait, à vrai dire. Son épuisement et son insatisfaction la rendaient injuste envers lui mais d'abord envers elle-même. Son mari, silencieux, laissait cette colère tomber sur lui. Lorsque sa femme sembla enfin calmée, il s'avança vers elle, caressa longuement sa joue et se renversa de nouveau dans son fauteuil en s'assurant de garder un contact physique avec elle en appuyant sa jambe contre la sienne. J'observais la scène assise derrière eux, de l'autre côté de l'allée, Céline me faisant face. Elle saisit mon regard, leva les yeux au ciel, l'air de dire « il m'ensorcelle encore », et elle se pencha vers lui pour quémander un baiser. Son mari s'exécuta en effleurant de ses lèvres le front de son épouse. Car ce couple qui n'hésite pas à parler publiquement de son amour en toutes circonstances, sur scène, dans les médias, lors de la cérémonie à l'Élysée, au palais Montcalm devant l'assemblée universitaire, à la télévision à Shanghai, ce couple demeure d'une grande discrétion de gestes en public. René Angélil est un mari tendre et respectueux, protecteur sans être paternaliste, un mari qui magnifie sa femme au point de lui attribuer des vertus qu'elle n'a pas et ne prétend pas avoir. Avant un concert à Stockholm, quelques minutes avant d'entrer en scène, Céline Dion visiblement dans une forme redoutable m'interpella d'un ton surexcité en reprenant son gros accent québécois : « René me prend pour une superwoman. À soir, y veut que je chante une nouvelle chanson que j'ai répétée seulement deux fois. Y pense toujours qu'y faut que j'me surpasse. "Té capable, té capable", qu'y me dit. Chu tannée ! Regardez les femmes enfants. » Et Céline imitant le ton doucereux d'un homme : « Oh ! té fatiguée. Pov p'tite. Repose-toi. » Intarissable, elle poursuivait de plus belle tout en marchant dans le long corridor, entourée de ses gardes du corps,

« J'les hais les femmes enfants. Moi faut que j'sois forte tout le temps. J'fais 40° de fièvre. Ben non, ça va aller mieux, me dit René. J'fais pitié, qui me plaigne jamais ! » Ce soir-là, dans la capitale suédoise, la star sur scène a mis le feu à la baraque.

Céline Dion n'a eu de cesse de dépasser les attentes de son mari. Lorsqu'elle était plus jeune, sans doute elle-même l'a-t-elle cru invincible. Ne parvenait-il pas à lui ouvrir toutes les portes, à lui faire franchir toutes les étapes la menant au sommet de son art ? Mais avant tout, n'est-ce pas l'homme qui lui fit découvrir les plaisirs de l'amour ? Toutes les femmes éprouvent de la reconnaissance pour l'homme qui a su jouer avec talent le rôle d'initiateur. Céline Dion demeure discrète sur ce sujet, bien qu'elle appartienne à une génération de femmes pour qui la sexualité est un sujet de conversation entre copines. De plus, dans le monde du show business, nombre de stars s'épanchent sur leur sexualité, active ou déficiente. Chez le couple Dion-Angélil, la pudeur et la réserve sont de mise. Faut-il rappeler que le couple partage des valeurs traditionnelles, peu en vogue de nos jours ? Céline a déjà affirmé publiquement sa fierté de n'avoir connu qu'un seul homme, et ce ne sont pas la rigidité morale et la pudibonderie qui la font s'exprimer de la sorte. Sa vision de l'amour exclut l'infidélité et la rupture. Après avoir vécu avec fougue et sans contrainte l'amour-passion, le couple, comme tous les couples, s'est installé dans la routine amoureuse, cet état si décrié par les amoureux dépités mais si apprécié par tous les couples heureux d'être ensemble et assurés de le demeurer jusqu'à la mort. René Angélil et Céline Dion appartiennent à cette dernière catégorie, témoignant ainsi une nouvelle fois de leur marginalité dans le club sélect des stars planétaires, les « mégastars ».

Ce couple sur lequel s'interrogent tant de gens a subi son lot d'épreuves avec les maladies de René Angélil, ses problèmes cardiaques d'abord puis ce cancer qu'il a combattu avec le même acharnement qu'il a déployé pour faire de sa femme la star que l'on connaît. Quant à Céline Dion, quelle ironie tout de même pour la quatorzième enfant d'une de ces larges familles du Québec d'antan de ne pouvoir réussir à devenir enceinte sans recourir à la médecine de pointe qu'on aurait considérée il y a quarante ans comme de la science-fiction. Ces épreuves successives vécues si jeune dans le cas de Céline ont consolidé le couple et inversé quelque peu la dynamique qui le définissait. Céline avait à peine trente ans lorsque René tomba malade. Sur le plan professionnel, elle connaissait la griserie des sommets dont on sait les pièges, celui du sentiment d'omnipotence en premier lieu. Son éducation, son tempérament et son environnement la protégeaient de ces dangers, mais le succès contient une dimension toxique indéniable, ne serait-ce que par la flatterie et

l'obséquiosité dont on entoure la star. Son premier
protecteur, son gardien spirituel, son cerbère et son
amour risquait de disparaître, atteint dans son inté-
grité physique. La nouvelle du cancer de René
Angélil expulsait Céline de son conte de fées pour
la faire entrer brutalement dans le tragique de la
vie. C'est peut-être là un tournant définitif dans la
relation du couple, la jeune femme devant désormais imaginer son avenir sans son gérant-époux.
Les proches collaborateurs de René ont établi à
cette occasion un périmètre de sécurité autour de la
chanteuse, et sa famille a assuré l'intendance affective. Céline, la femme au caractère d'acier trempé,
a perdu les quelques attributs de sa jeunesse qu'elle
avait conservés grâce au fait que René s'appliquait
à la tenir à l'écart des préoccupations inhérentes à
la gestion de sa carrière.

Céline Dion est désormais habitée par la disparition éventuelle des deux êtres qui sont les piliers de
sa vie, sa mère et son mari. À quarante ans, l'âge où
les femmes modernes se sentent invincibles, Céline
Dion, avec un mari de vingt-six ans son aîné et une
mère de quatre-vingt-deux ans à la santé fragile,
parle comme une sexagénaire confrontée aux problèmes de ses contemporains. Elle assume un rôle
de protectrice auprès de René, rôle qu'elle a amorcé
au moment de la maladie de ce dernier. Avec sa
mère, elle a inversé les rôles en la maternant,

renouant les liens anciens quelque peu distendus dans la phase euphorique de sa vie amoureuse avec son homme.

Ces expériences douloureuses ont contribué à humaniser encore le couple tout en le mythifiant davantage. Leur histoire suscite un intérêt d'autant plus général que la majorité des gens n'arrive pas à faire le deuil de la vie en couple. De nos jours, la vie des stars riches et malheureuses est médiatisée à travers la Terre entière. Les frasques matrimoniales de Madonna s'ajoutent à la longue liste des déboires des couples éclatés jusqu'au sommet de la royauté avec Diana et Charles. Le couple est donc en péril et ce dans tous les milieux, même ceux soumis aux règles les plus contraignantes. Jadis les chefs d'État ne divorçaient pas en cours de mandat pour se remarier quelques mois plus tard et les futurs rois ne rendaient pas publique leur infidélité.

Le couple Dion-Angélil ajoute une particularité à son histoire. Céline réalise le rêve de tous ceux sur la Terre qui voudraient croire à l'amour unique et éternel. La vie intime d'un couple reste un mystère devant lequel il faut s'incliner. Les secrets d'alcôve demeurent tus et les confidences les plus intimes qui sont médiatisées ne rendront jamais compte de la vérité toujours cachée partagée par le couple. Céline Dion a souffert de la passion du jeu de son époux qui, durant plusieurs années, la délaissait pour les tables de poker. René Angélil s'en confesse dans le livre qui lui est consacré. Cela étant établi, le couple Dion-Angélil s'est construit sur une fascination commune, une admiration mutuelle, des talents départagés, des valeurs réciproques et une volonté unique d'assurer leur pérennité à travers un enfant. Nous sommes loin de l'eau de rose et de l'insignifiance sentimentale qui auraient vite eu raison du couple. La star suscite la ferveur, car le couple qu'elle forme avec René Angélil représente un idéal inatteignable pour tant de gens qui néanmoins en rêvent et ce aux quatre coins du monde. Céline Dion assure, à contre-courant, que ce rêve soit bien vivant.

De l'enfant à la mégastar

Macao, Chine, le 15 mars 2008

Exceptionnellement, je suis dans la loge de Céline Dion pour un tête-à-tête avec elle, quelques heures avant le spectacle au Venetian Arena de l'hôtel du même nom, une réplique de celui de Las Vegas. À vrai dire, il est rare que Céline Dion se retrouve toute seule, entourée qu'elle est de façon permanente par les membres de sa famille ou ses gardes du corps. La solitude dans laquelle on la devine est davantage un état d'esprit qu'une réalité physique. L'enfance au sein d'une fratrie de quatorze dans une petite maison modeste fut une bonne préparation pour sa vie agitée dans un défilé permanent de gens plus demandeurs les uns que les autres. En cette fin d'après-midi, Céline est en verve, enjouée et naturelle. De façon générale, elle ne paraît jamais prise de court, car la jeune femme sait s'adapter à toutes les situations et se mettre au niveau de tous les gens qu'elle rencontre. Elle vient d'apprendre qu'elle recevra la Légion d'honneur des mains du président de la République, Nicolas Sarkozy, à l'Élysée, deux mois plus tard, et elle avoue ne pas bien se rendre compte de l'honneur qui lui échoit. « Vous semblez plus consciente que moi de ce qui m'arrive », me dit-elle. La nouvelle la renverse comme si elle était, malgré tout, spectatrice du personnage Céline Dion, acclamé et admiré jusque dans cette enclave chinoise où elle se produira tout à l'heure. Sur une table, elle me montre des photos d'elle prises il y a un an et celles qu'on a faites la semaine précédente à Tokyo où on la voit en compagnie de sumos. Sur ces clichés, prenant la pose de ces idoles, elle paraît combative, invincible même. Elle juxtapose les deux images d'elle-même. « Regardez comme j'ai changé. Je ne me reconnais plus. Regardez mes yeux. Ce sont les yeux d'une femme libre. La tournée m'a libérée, m'a remise en cause. Dans chaque ville, je dois recommencer de zéro. Il n'y a rien d'acquis. Dans les dernières années à Las Vegas, je me sentais prisonnière d'une sorte de routine contre laquelle je luttais. Je n'étais pas assez en danger. Là, je me sens moi-même. » Visiblement, elle aurait continué longtemps à discourir sur son évolution personnelle mais Michel, son frère, frappait à la porte de la loge. « Princesse, y a un show à faire », répétait-il. Le plaisir évident qu'elle prenait à s'analyser et à échanger devait être interrompu comme tant d'autres plaisirs, car le temps imparti pour elle-même lui est toujours compté.

En ce sens, Céline Dion a beaucoup de difficultés à s'appartenir. Elle n'est pas dupe du regard des autres, tous ces autres qui en l'enfermant dans son image de star lui nient, en quelque sorte, le droit d'être normale. « L'important, c'est de savoir redescendre. Avoir les pieds bien ancrés dans le sol. » Céline Dion répète souvent cette phrase quand on lui demande comment elle se sent au sommet de la gloire. Elle demeure convaincue que l'exploit le plus difficile ne fut pas l'ascension mais plutôt d'échapper à la griserie des sommets, ce piège dans lequel tant de stars reconnues sont tombées et qui leur fait perdre la réalité de vue. Céline seule connaît les efforts surhumains qu'il faut déployer pour simplement rester humaine.

Ici réside une partie du mystère Céline Dion. Dans cet instinct de détecter les gens qui contribueraient à l'éloigner d'elle-même, ce qui causerait sa perte. Avec l'âge, elle a appris à démasquer les imposteurs et les courtisans. La naïveté l'a quittée depuis longtemps et il lui arrive de mettre en garde son mari contre des profiteurs, car Céline, au contraire de ce dernier, n'est pas joueuse donc n'a pas tendance à jongler avec la chance quand il s'agit de juger quelqu'un. La star possède un sang-froid d'autant plus exceptionnel que la majorité des gens ne le devine pas. Et elle se méfie spontanément des parasites en tous genres.

Par contre, elle témoigne d'une sensibilité sans cesse renouvelée face à ceux, très nombreux, qu'elle estime authentiques, vrais et souffrants. On connaît sa générosité pour les causes consacrées aux maladies infantiles. Le long calvaire de sa nièce Karine, décédée à seize ans des suites d'une fibrose kystique, fut aussi le sien. Cette expérience l'a transformée. Comme elle dit souvent : « Karine m'a rappelé par sa seule présence l'injustice de la vie même. » Céline Dion est donc habitée par un sentiment de l'urgence de vivre, bien que le tourbillon dans lequel elle est emportée lui fasse perdre aussi la capacité d'apprécier l'instant. Encore une fois, celle qui revendique une vie « normale » voit la sienne défiler en accéléré.

La gentillesse est une qualité à double tranchant. « Céline est gentille », on l'a entendu autant dans la bouche de ses fans que dans celle de ses détracteurs. Pour l'avoir côtoyée et observée avec les grands de ce monde comme avec les plus modestes admirateurs et le personnel qu'elle croise sur sa route, dans les hôtels et dans les boutiques, j'en conclus que ce n'est pas sa gentillesse qui frappe d'abord mais son empathie, c'est-à-dire sa capacité à entrer instantanément en contact avec la personne, abolissant ainsi la distance avec elle. Céline Dion est avant tout une femme respectueuse de l'autre, et cette qualité explique que quiconque la rencontre ne serait-ce que quelques secondes a l'impression d'exister à ses yeux. Comment arrive-t-elle à donner cette impression alors que ces rencontres fortuites se comptent en dizaines et dizaines de milliers ? Bien sûr, Céline Dion est en représentation, et joue forcément un rôle. Mais après l'avoir observée lors des rencontres formelles qui précèdent les spectacles, dans ces « *meet and greet* », je constate que lors de cette mise en scène où les fans fébriles ou intimidés défilent à la vitesse de l'éclair devant elle, la star sait trouver les mots ou le geste qui brisent la tension. Dans un groupe où se trouve une femme enceinte, elle dira : « Combien de mois ce bébé ? » Elle distinguera un homme timide et l'entraînera près d'elle pour la photo, elle félicitera un autre pour sa chevelure ébouriffée et elle ira spontanément consoler une petite fille trop émue d'être en présence de son idole. Comment fait-elle pour ne pas déroger à ces rituels ? Quand je lui pose la question, elle répond qu'elle n'a qu'à se mettre à leur place. Elle-même a eu des idoles dans sa jeunesse, Barbra Streisand par exemple. Et elle continue d'éprouver de l'admiration et demeure impressionnée par ceux et celles qui l'ont fait rêver, même si elle les a rejoints et souvent dépassés en popularité. Bien que sa notoriété actuelle lui permette de les fréquenter, elle ne le souhaite pas, de peur sans doute d'être déçue. On ne brise pas ses idoles.

« Je suis ma pire ennemie », aime à répéter la chanteuse. De l'extérieur, il semble impossible de deviner quels sacrifices Céline Dion a consentis pour réaliser son ambition et dans quelles contraintes elle vit au quotidien. Elle a hérité de sa mère une force et une détermination qui l'empêchent de s'apitoyer sur elle-même. C'est une obsessionnelle de la perfection, elle l'admet volontiers. Elle ne tolère ni la poussière, ni le désordre, ni le bâclage, ni l'à-peu-près. Elle se soumet à des exercices vocaux pénibles, elle demeure silencieuse des jours et des jours afin de protéger sa voix sur la recommandation de ses médecins, elle vit de façon austère enfermée dans des suites d'hôtel ou à l'intérieur de ses demeures, et jamais elle ne s'en plaint. « Je peux tout me permettre, me confiera-t-elle, c'est à moi de décider si j'ai envie de sortir, donc de signer des autographes, de laisser les gens me prendre en photo sans ma permission, se précipiter sur ma voiture, de mettre mon fils dans une situation où il risque de se faire bousculer. » Lorsqu'elle décide de sortir en public, elle assume ces contraintes mais se comporte avec tant d'amabilité que la majorité des fans ou des admirateurs croisés sur son passage freine ses ardeurs.

Céline Dion est une femme d'une intelligence fulgurante qui a longtemps joué profil bas – laissant à René Angélil le soin de défendre publiquement sa carrière et de parler en son nom, ce qui amenait des journalistes à conclure qu'elle n'était qu'une marionnette, douée certes, mais marionnette tout de même entre ses mains. « Je me suis tue longtemps, m'a-t-elle dit. J'ai écouté les autres. Je suis intelligente, mais je n'ai pas fait d'études et cela m'a beaucoup nui. Je n'avais pas le matériel pour me défendre. À quinze ans, je ne savais pas quoi dire à mon public. Je balbutiais "Bonsoir, mesdames, messieurs, je suis heureuse d'être avec vous", et ces mots, René me les écrivait. Je les apprenais par cœur. Mais j'étais franche, mes émotions, personne ne me les soufflait. » Céline Dion reconnaît être peu portée sur l'introspection. Ce retour en elle-même doit l'inquiéter, car cette femme, à tous égards excessive, ne peut se permettre une remise en question qui menacerait les fondements sur lesquels est construite sa vie. Ses relations fusionnelles avec sa mère et son fils, une source d'étonnement pour les observateurs, la dynamique de sa relation avec son mari, fascinante pour qui les côtoie, ce rôle de pourvoyeuse de la famille qu'elle s'est attribué, l'angoisse qu'elle se reconnaît devant l'hypothèse d'un arrêt de cette vie en mouvement perpétuel, à quoi bon tenter d'en comprendre les motivations inconscientes ? Car, contrairement à d'autres célébrités détruites par leurs perturbations psychologiques, Céline Dion allie la vulnérabilité de l'artiste à une grande force intérieure. Lucide sur le pouvoir qu'elle exerce, elle se fait peur parfois comme elle le dit si bien : « Quand je suis sur scène, je sais par certains gestes que je fais, certains regards que je lance, certaines intensités que je dégage, l'effet que cela entraîne chez le public. Je me surprends moi-même de cette force mais je suis en contrôle et j'espère que je vais toujours le rester. » Elle m'a expliqué que c'est après le spectacle parfois, lorsqu'elle se retrouve dans la limousine qui file à vive allure dans les villes plongées dans la nuit, que le contrecoup de ce pouvoir la rattrape. « C'est pas joli pendant ces moments-là ; je ne vois pas mes yeux dans le rétroviseur mais je me vois intérieurement. Mon cœur bat trop vite, mon pouls n'est pas normal et parfois j'ai peur de ne pas revenir de là où je suis. C'est une drogue dont je n'aime pas l'effet. »

Céline Dion, l'enfant vedette, a été rattrapée par la star qu'elle est rapidement devenue. Derrière la petite Céline et la gentille Céline se cachait une jeune femme à la volonté de fer, ne reculant devant aucun sacrifice, s'imposant une discipline de vie à la mesure de son talent et ne manifestant aucun des caprices qui rendent les stars infréquentables. Céline Dion ne se compare jamais aux autres chanteurs. C'est avec les athlètes de haut niveau qu'elle se trouve des similarités. Elle a croisé plus jeune Sylvie Bernier, une championne olympique canadienne, médaille d'or en plongeon aux Jeux olympiques de Los Angeles. Elle a eu le sentiment de trouver son double dans cette fille de vingt ans qui s'était soumise à un entraînement infernal marqué par la persévérance, la douleur, le découragement parfois et l'exaltation. Cette quête de la perfection,

Céline Dion en est hantée. Elle m'a avoué un soir après un spectacle de *A New Day* à Las Vegas, fin 2006, alors qu'elle avait présenté près de cinq cents shows sur la scène du Caesars Palace, qu'à ses yeux elle n'avait bien chanté que quatre ou cinq fois depuis le début de ce spectacle. Et je ne pouvais mettre en cause la sincérité de son aveu. D'ailleurs, tout au cours de cette tournée mondiale, je fus à même d'observer chez elle une forme de scepticisme devant les compliments dont on l'abreuve. Seul le jugement de René Angélil pourrait la satisfaire, mais tout au long de sa carrière il n'a eu de cesse de placer la barre de plus en plus haut. Aujourd'hui, ses exigences se sont adoucies, si bien que Céline Dion demeure la seule, dernière et toujours intransigeante juge de ses performances.

Les histoires d'enfants vedettes se terminent toujours mal et le succès est un produit toxique dont on ne compte plus les victimes. Le show business est un monde où s'applique la sélection naturelle. Ne survivent que ceux qui ont su trouver l'armure les mettant à l'abri des critiques, mais avant tout des louanges, de l'idolâtrie et de la flatterie. Nombre de stars admirées ont disjoncté de leur vie sous l'effet combiné de la notoriété, de l'alcool, de la drogue. Les magazines people racontent semaine après semaine les malheurs, les drames, les tragédies des stars à la dérive. Céline Dion a su échapper à toutes ces calamités et l'identification spontanée des gens, fans ou non, à la femme qu'elle représente trouve ici son explication. « Je ne veux pas que mon métier m'envahisse, me dit-elle sur un ton enflammé. Ce n'est pas la chanteuse qui va gagner, c'est Céline. Je n'ai pas envie de perdre ma vie pour la chanson. » Quand je lui fais remarquer que le succès auquel elle est parvenue lui permet sans doute cette liberté qu'elle revendique pour elle-même, elle me reprend : « Ce n'est pas le succès qui me fait parler de la sorte, c'est la maturité. Le succès, j'ai voulu m'en éloigner. Je suis consciente de ma popularité, je constate ma réussite, je connais les chiffres de celle-ci mais je refuse que cela prenne le dessus sur moi, que ça altère ma vie. »

Il faut donc retourner à son enfance pour comprendre cet acharnement que déploie Céline Dion à demeurer elle-même. Ce qui la place au sein de la courte liste des stars dans un statut marginal. Sa mère, Thérèse Dion, répétons-le, est une femme qui a toujours refusé de jouer à la victime. Elle a élevé ses enfants dans la précarité financière sans leur transmettre les frustrations qui s'y rattachent. La musique n'adoucit pas que les mœurs. Dans le cas de la famille Dion, elle fut la source des joies familiales et leur a permis d'échapper, en quelque sorte, à leur pauvreté et à la honte qu'elle entraîne. Lorsque Céline Dion déclare qu'elle connaît les chiffres de son succès, elle use d'un euphémisme pour admettre qu'elle est consciente de sa fortune qui se chiffre à des centaines de millions de dollars. Or, cet argent qui en rend d'autres fous, Céline Dion n'en tire ni gloire ni honte. La petite fille pauvre qui ne s'est jamais sentie pauvre mais qui aujourd'hui évolue dans le monde de la jet-set a appris à vivre en riche. « Mon plus grand succès, me dit-elle, c'est que mon cœur est demeuré le même et que ma tête est toujours à la bonne place. » Même avec la plus mauvaise foi du monde, on ne réussirait pas à trouver dans sa façon de traiter les gens des éléments négatifs qui viendraient contredire ce qu'elle dit d'elle-même. C'est en ce sens que Céline Dion est à la hauteur de l'image que l'opinion publique se fait de cette icône des temps modernes.

Bien sûr, elle a accès à tous les attributs de la richesse, avions privés, limousines, résidences diverses, hôtels cinq étoiles, vêtements de haute couture, un millier de paires de chaussures, bijoux dispendieux, mais elle ne semble pas avoir intériorisé la culture des riches. C'est sans démagogie qu'elle met toujours en avant ses origines, et son besoin viscéral de garder sa mère et des membres de sa fratrie auprès d'elle reflète la crainte qu'elle ressent de les perdre de vue donc, à ses yeux, de se perdre elle-même. Par ailleurs, elle assume son statut de star avec aisance, s'assurant de préserver la distance entre Céline et la chanteuse. S'assurant aussi de pratiquer l'autodérision. Il faut assister aux tests de son auxquels elle se soumet avant chaque spectacle, lorsqu'elle n'hésite pas à imiter des artistes connus ou à s'imiter elle-même, à grimacer sans se soucier des caméras jamais absentes, sans se préoccuper des gens qui flânent dans la salle. Ce naturel, Céline Dion l'a conservé, et quiconque l'approche en demeure impressionné. Elle me dira : « Je ne fais pas partie du métier que je fais », signifiant par là vouloir se protéger de ce monde du show business fait d'illusions, de façades, d'exacerbation, un monde clos dont les pièges si nombreux ont fait perdre la tête à tant d'idoles.

Céline Dion est une femme de la nuit, et ce depuis sa tendre enfance, lorsqu'elle attendait ses frères et sœurs en fin de soirée et qu'autour de la table de cuisine la tribu improvisait des concerts. Au cours de la tournée mondiale, une nuit à Berlin, j'ai découvert la Céline Dion intime, fragile et blessée, discourant sur ses difficultés personnelles qui n'ont rien à voir avec sa gloire et son succès. Des problèmes semblables à ceux de tous les gens vivant dans le monde idéalement merveilleux des familles reconstituées. Il y a chez elle une volonté quasi obsessionnelle non pas de nier les obstacles mais de les surmonter. L'épouse de René Angélil s'est retrouvée très jeune, trop jeune, dans un rôle de belle-mère. Elle a assumé face à sa famille un rôle de pourvoyeuse au sujet duquel elle demeure discrète. Il semble impossible qu'elle ait échappé à l'envie de quelques-uns de ses proches. Bien qu'elle taise ses états d'âme, on devine qu'elle n'est pas dupe des gens qui cherchent à profiter de sa gloire et de son aisance. Céline Dion, de par son tempérament, ne sera jamais victime de qui que ce soit, car rien ne lui échappe des petites mesquineries dont elle est l'objet et qui la blessent avec autant d'intensité qu'elle en met elle-même à rendre heureux l'entourage de sa vie privée. Il y a en effet un côté missionnaire chez la star. Sa clairvoyance n'entrave pas son besoin instinctif de faire disparaître les antagonismes des uns et des autres. Céline Dion vit dans la tension incandescente d'accéder toujours à la perfection et a du mal à surmonter les sentiments hostiles de ceux qui font partie de son intimité. Cette Céline Dion vulnérable est une femme souffrante, une femme drapée dans sa solitude.

La nuit demeure son univers de prédilection, qu'elle partage avec ses sœurs, sa mère et de rares amis du couple. Mais avant tout avec son fils à qui elle a transmis ce mode de vie qui lui vient de son enfance. À 3 heures du matin, à l'hôtel George-V à Paris, son garde du corps sera réquisitionné pour accompagner la mère et le fils à la piscine. Certains y verront un caprice de star, à tort. Cette vie à l'envers des autres exprime la partie ombragée de la star. La femme constamment exposée à la lumière, incapable de circuler sans escorte et sans provoquer d'attroupement, a choisi le refuge de l'obscurité, du silence ambiant et du décalage permanent avec les autres pour se retrouver elle-même.

Pour protéger sa voix dont elle a usé sans précaution dans sa jeunesse, Céline Dion a appris à vivre silencieuse, parfois durant des jours, voire des semaines. « J'ai découvert en moi une autre personne en m'imposant ce silence », confie-t-elle. Cette discipline, elle en aime la rigueur, l'austérité. D'ailleurs Céline Dion s'épanouit dans l'effort, le travail semblant être l'antidote à ses angoisses. L'inactivité ne lui convient guère. Elle ne cache pas les malaises physiques et psychologiques qu'elle a éprouvés à certaines périodes moins agitées de sa vie. En représentation publique, tous ses maux disparaissent. Les courbatures, les points au creux de la poitrine, les nausées, les douleurs abdominales, ces signaux fréquents que le corps lui renvoie, elle a fini par les apprivoiser. N'est-ce pas le prix à payer pour vivre dans l'adrénaline, la seule mais puissante drogue qu'elle s'autorise ?

Après un concert à Munich, dans l'avion qui nous ramenait à Berlin, j'ai vu la chanteuse qui venait de réussir une autre performance se tordre de douleur, la nuque en feu, courbée sous les spasmes. Sa massothérapeute, la discrète et douce Rolande, toujours à ses côtés, lui prodiguait des soins qui la faisaient grimacer mais auxquels elle se soumettait tout en poursuivant la conversation avec nous. On a la curieuse impression en observant Céline Dion qu'elle violente ce corps qui périodiquement fait défaut à l'énergie qui l'habite. Sa minceur, à ne pas confondre avec la maigreur, est une hérédité paternelle et donne lieu à toutes les rumeurs sur une prétendue anorexie. Les exigences physiques auxquelles elle se soumet s'ajoutent au peu de goût que la chanteuse ressent pour la nourriture. Elle mange pour se sustenter, contrairement à son mari pour qui la bonne chère est un objectif au quotidien. On devine chez elle une propension à une forme d'ascèse physique, car, à l'évidence, elle ne pourrait autrement accepter sans se révolter la dure vie qui est la sienne et que constatent tous ceux qui sont attentifs à elle. Elle aime, à vrai dire, ce domptage qu'elle s'impose et dont elle retire des plaisirs ignorés du commun des mortels.

Il faut retourner encore une fois à sa jeunesse pour prendre la mesure de sa victoire sur elle-même. Toutes ces années où la timidité la paralysait au point que certains en concluaient qu'elle n'était qu'une voix entre les mains de son maître et qu'elle n'avait rien à dire, la gentille petite Céline obéissante bouillait de la rage de vaincre et n'avait faim que de gloire.

L'attirance de Céline pour la nuit, source d'insomnies remplies de ses fantômes personnels, révèle une personnalité complexe dont les exaltations à vif succèdent à des interrogations qui la troublent. « Dans le passé, m'a-t-elle dit, je n'aimais pas trop les questions. On en concluait que je n'avais rien à dire. Mais je crois avec l'âge que ce sont les réponses à mes questions qui me font peur. »

L'enfant aux cheveux longs

À travers le monde, on entend la même question. Pourquoi René-Charles, le fils idolâtré de la chanteuse, âgé de huit ans, porte-t-il les cheveux longs ? Sa mère répondrait que cela est son choix mais les interprétations sont aussi nombreuses que ceux qui se penchent sur le « cas ».

René-Charles, l'enfant à la notoriété planétaire à cause bien sûr de sa célèbre maman qui ne résiste jamais au plaisir de parler de son fils, le papa se faisant plus discret en paroles mais autorisant photos et caméras autour de celui-ci, René-Charles est aussi et déjà un personnage qui possède son mystère.

Le petit garçon est un enfant plus que réservé, enveloppé dans une timidité qu'on pourrait croire maladive. Le monde extérieur est une scène sur laquelle il doit évoluer sous le regard permanent et insistant des autres. L'enfant de la star a grandi entouré d'adultes qui lui témoignent un amour aussi intense que fébrile. On pourrait dire qu'entre une maman fusionnelle et un papa gâteau qui pourrait être son grand-père, entre Linda sa marraine et nounou, sœur aînée de Céline, et Alain Sylvestre son conjoint, le parrain, ce couple choisi par les parents pour veiller sur l'enfant depuis sa naissance, ce dernier vit une enfance aussi singulière qu'exceptionnelle. C'est un petit garçon qui n'a pas encore fréquenté l'école, scolarisé par une institutrice américaine qui l'a accompagné durant près d'un an lors de la tournée *Taking Chances*.

L'enfant parle peu, sauf à son entourage immédiat incluant les gardes du corps qui se transforment volontiers en compagnons de jeu. Sans doute apparaissent-ils aux yeux de l'enfant comme des amis. En public, sauf à de rares occasions, René-Charles garde le silence, ne répondant même pas aux salutations des uns et des autres, soucieux de se montrer gentils avec l'enfant du célébrissime couple. Mais lorsqu'on a l'avantage de l'observer comme j'ai pu le faire durant près de huit mois au cours de la tournée, on se rend compte que ce silence dans lequel il demeure enfermé est une protection contre l'envahissement ambiant.

C'est un enfant attendrissant qui tente de se défendre comme il le peut de ce monde médiatique dans lequel il est plongé. Il faut l'observer dans les stades où parfois il accompagne ses parents, circulant derrière la scène sur sa trottinette sous les yeux attentifs et inquiets de Linda et Alain, doublés du regard professionnel d'un garde du corps. L'enfant feint l'indifférence à ce qui l'entoure, mais il est impossible d'ignorer la solitude du petit garçon. Pas étonnant qu'il manifeste une passion pour tout ce qui est électronique, étant celui qui résout les problèmes d'Internet de son père, branchant et débranchant les appareils de télé, DVD et autres gadgets qui n'ont pas de secrets pour lui. Il excelle en mathématiques, adore les sciences au point qu'après avoir un jour visité le musée des Sciences de la Villette à Paris il est revenu emballé à l'hôtel et a demandé à sa mère d'acheter le musée. Céline lui a expliqué que les musées appartenaient à tout le monde. Qu'il fallait permettre à tous les enfants de le visiter, car, comme lui, ils l'adoreraient. René-Charles écouta patiemment et poliment ses explications, l'air de dire : « Laisse faire, je vais demander à papa de me l'acheter. Lui, va vouloir. »

Cette attitude, à la fois terrible et attendrissante, révèle le monde de René-Charles. Un monde où n'existe aucune contrainte matérielle et où l'image paternelle est déifiée. L'enfant ignore l'histoire de sa naissance, les écueils qu'a dû surmonter sa mère pour tomber enceinte. « C'est trop compliqué à expliquer », me dira Céline, alors que j'ai cru déceler chez elle un fond de regret d'avoir eu à inventer l'histoire de papa et maman qui se sont aimés en se serrant très fort qu'on transmettait aux petits enfants à l'époque ancienne d'avant l'insémination artificielle. À huit ans, le garçon ne connaît pas les épreuves auxquelles s'est soumise sa maman dont elle a informé la Terre entière, ce qui a eu pour conséquence de donner espoir à de nombreuses femmes dans la même situation qu'elle. Le garçonnet, la preuve en est faite ici, vit à l'abri de ce qui se dit sur ses illustres parents et son ignorance démontre aussi à quel point son entourage le protège. Ceux qui sont en contact avec lui agissent avec discrétion et circonspection. Son entrée à l'école sera donc pour lui une période d'adaptation radicale avec le monde extérieur. Sa vie, dès le départ, relève du miracle et défie les statistiques. Comme tous les enfants élevés dans un univers d'adultes, René-Charles ignore ce que signifie une enfance normale. Les enfants l'attirent et il éprouve une véritable fascination pour sa nièce Alicia, d'un an sa cadette, la fille de son demi-frère Patrick Angélil. Au cours de la tournée, la famille de ce dernier l'a accompagné plusieurs semaines, si bien que René-Charles jouait parfois avec Alicia et son petit frère Justin âgé de cinq ans. Il fallait observer René-Charles avec la petite fille pour laquelle il manifeste toutes les attentions. Mais il garde cette distance qui le caractérise comme s'il était spectateur dans ses jeux avec les enfants de son âge. Très généreux, il offre tous ses jouets et il lui arrive même d'offrir de l'argent. Sauf que n'ayant aucune notion de la valeur de ces dollars dont on lui a fait cadeau, il a un jour donné un billet de cent dollars à sa chère Alicia.

De nos jours, les femmes mettent au monde leur premier enfant de plus en plus tard. Céline Dion, à cet égard, n'est pas différente des autres. Mais, contrairement à sa mère, tomber enceinte releva donc pour elle de l'exploit scientifique. Elle dut se plier à des règles strictes, s'alitant durant des semaines, et se soumettre à des traitements médicaux contraignants et douloureux. Cet enfant est à ses yeux miraculeux et son besoin exacerbé de partager avec le public ses émotions maternelles, et ce avant même que le bébé ne naisse, ressemble à un désir d'exorciser le mauvais sort.

Elle vit avec René-Charles dans une relation fusionnelle. Elle ne tente pas de s'en défendre lorsque je lui en fais la remarque au cours d'une conversation. « Puisque vous le dites », réplique-t-elle en souriant. En fait, elle reproduit avec son fils sa propre relation avec sa mère. La différence, et elle est de taille, c'est que les treize frères et sœurs prenaient le relais de Thérèse Dion auprès de l'enfant. René-Charles vit avec sa maman sur un mode exclusif, partageant même ses horaires atypiques. Ils vivent la nuit, se couchent aux aurores pour se réveiller vers 13 ou 14 heures. René Angélil se soustrait comme la plupart des gens à ce monde inversé, ne partageant pas ses nuits avec sa femme et son fils. De plus, son travail exige des horaires plus conformes, même s'il lui arrive de vivre la nuit lorsqu'il participe à des tournois de poker.

« J'ai jeté tous les livres de psychologie avec lesquels je n'étais pas d'accord », m'a dit Céline lors d'une conversation sur l'éducation des enfants, un thème sur lequel elle s'enflamme. « Une mère sait ce qui est bon pour son enfant. » Ce principe qu'elle énonce avec fougue et pour lequel elle recherche l'assentiment des autres ressemble à une justification de sa propre façon d'élever son fils. Elle n'ignore sans doute pas les critiques que l'on murmure autour d'elle à ce sujet. Mais peu de gens osent s'aventurer sur ce terrain délicat voire tabou. Il y a fort à parier que René Angélil lui-même évite d'intervenir sur la façon dont la mère élève son fils. À Pékin, au cours de l'émission la plus populaire du pays, animée par Yang Lan, l'Oprah Winfrey chinoise, Céline comme toujours parle de René-Charles. « Je gâte mon fils, mais c'est ce que je lui enseigne qui est important. Je veux que son cœur et sa tête soient à la bonne place. » Comme moi, aurait-elle pu ajouter. Sauf que la chanteuse a commencé sa vie en dormant dans un tiroir de commode faute de berceau et que René-Charles n'a connu que les lits princiers et douillets des résidences du couple. D'ailleurs, en mai 2006, au cours d'une émission spéciale diffusée sur le grand réseau privé TVA à Montréal à l'occasion du lancement du CD *D'elles*, elle a disserté longuement sur les avantages d'avoir dormi dans un tiroir. Cet éloge de la pauvreté dans un contexte où l'amour régnait revient fréquemment dans le discours de la chanteuse. Le tiroir tenant lieu de berceau devient à ses yeux le symbole de son enfance heureuse. En fait, Céline Dion retire de la fierté de ses origines plus que modestes, elle éprouve de la nostalgie pour sa petite enfance comblée grâce à l'affection dont on l'entourait et, sans qu'elle l'admette, l'enfance de son fils qui ne connaît que luxe et richesse la préoccupe. Elle ne se résigne pas à l'élever dans une forme d'ascèse et, comme tous ceux qui ont eu accès rapidement à l'argent, elle n'arrive pas à soustraire l'enfant aux avantages et privilèges qui sont les siens. Que le petit garçon offre cent dollars plutôt que un dollar, geste qui choquerait certains pour qui cela indique une absence de sens des valeurs, est de peu d'importance à ses yeux. L'élan de générosité de René-Charles, croit-elle, le met à l'abri des effets négatifs d'avoir vécu dans la ouate. Donner de soi-même, partager l'argent, les biens matériels sans compter, voilà les valeurs que Céline Dion veut transmettre à l'enfant.

René-Charles n'aime pas le monde extérieur, source de tant d'inconvénients pour lui. Chaque sortie publique ressemble à une agression, bien que les parents en aient toujours expliqué les raisons à leur fils. Dès qu'il met les pieds à l'extérieur, même sans ses parents (surtout sans ses parents, est-il nécessaire de le préciser), l'enfant est entouré de gardes du corps. Un jour, en Australie, René-Charles a rechigné parce que ses parents s'absentaient. « Je ne peux pas rester seul », a-t-il déclaré à son parrain. Ce dernier lui a fait remarquer qu'un garde du corps le surveillait. « Oui mais celui-là, je le connais pas. C'est un nouveau. Je peux pas prendre de risque. » Telle est la réalité de cet enfant. Ce qui explique qu'une forme de gravité l'habite. On est loin du garçonnet prétentieux, capricieux et turbulent que l'on pourrait imaginer compte tenu du genre de vie qui est le sien.

René-Charles assiste parfois aux concerts de sa mère. À quatre ans, à sa demande, il a vu pour la première fois sa maman sur la scène du Caesars Palace à Las Vegas. « Quand veux-tu venir ? a demandé Céline lorsque l'enfant a exprimé son désir. – Aujourd'hui », a répondu le bambin. Sa mère en fut bouleversée. Elle le raconte encore avec émotion. La présence de l'enfant dans la salle lui a donné le trac et l'a inquiétée mais elle est peu portée, on le sait, sur l'introspection, si bien qu'elle n'a pas cherché à comprendre la source de son inquiétude. Il lui a suffi que son fils la retrouve après sa performance sans manifester d'émotions particulières pour qu'elle soit rassurée. La chanteuse n'avait apparemment pas porté ombrage à la maman aux yeux de l'enfant.

Durant la tournée j'ai observé René-Charles à plusieurs reprises quand il était présent dans les stades en compagnie de son père, de sa grand-mère et de ses gardiens attentifs Linda et Alain. Le garçon demeure impassible lorsqu'il entre dans le stade avec son père main dans la main quelques minutes avant le début du show. Tout au long du parcours qui les mène à leurs sièges, René et son fils, reconnus par les spectateurs, reçoivent des applaudissements enthousiastes. Le père sourit, remercie de la tête mais l'enfant garde les yeux au sol et traverse la foule comme s'il avait érigé des murs symboliques entre elle et lui. Lorsque les vingt, quarante ou quatre-vingt mille personnes accueillent la chanteuse par des cris et des applaudissements dont la ferveur et la puissance secouent le stade, l'enfant ne bronche pas, demeure imperturbable. Mais quand Céline sur scène informe le public qu'elle voyage en compagnie de sa mère et de son fils, il arrive à ce dernier de jeter un œil rapide à sa grand-mère à ses côtés. Sans manifester d'émotion et sans sourire. D'ailleurs René-Charles est un enfant qui sourit très rarement en public, ses états d'âme et ses sentiments étant réservés à sa vie intime, loin des caméras et du regard des étrangers, fussent-ils les admirateurs de sa célèbre mère.

Lorsqu'à la fin d'une chanson Céline Dion provoque des réactions trépidantes, que des fans crient « Céline, we love you », qu'on l'acclame sans interruption durant de longues minutes où il lui est impossible de poursuivre le concert, il arrive à René-Charles de lever les yeux pour observer la foule en délire. À quoi pense-t-il dans ces moments où sa mère est idolâtrée de la sorte ? Cet amour frénétique que lui porte le public, comment le vit-il ? Dans sa tête d'enfant, se demande-t-il s'il est possible pour lui d'aimer sa maman plus que tous ces gens ? N'est-ce pas écrasant pour un enfant d'assister à de tels débordements passionnels ? Seul l'adulte qu'il deviendra permettra sans doute de répondre à ces interrogations. Quand René-Charles était plus jeune, à cinq ou six ans, Céline lui a expliqué que les fans qui l'entouraient dans la rue, criant et se bousculant, ne lui voulaient pas de mal, au contraire, ils exprimaient leur affection pour elle. Car l'enfant avait peur de ces manifestations et sans doute n'est-il pas encore rassuré à ce jour.

Deux épisodes auxquels j'ai assisté laissent croire que le garçonnet éprouve un besoin instinctif d'impressionner sa maman si impressionnante elle-même. Une nuit à Séoul, René-Charles accueillit sa mère de retour du concert avec une excitation inhabituelle. À son arrivée, avant même qu'elle ne se débarrasse de son manteau, il lui prit la main et l'entraîna vers le salon de la suite : « Viens ici, tu vas voir », répétait-il. Il s'installa au piano et studieusement se mit à jouer *Something*, la chanson des Beatles, que son parrain Alain, un ancien pianiste de bar, lui avait apprise durant la soirée. Céline s'extasia. « T'es incroyable, mon amour. C'est extraordinaire. Quelle belle surprise tu me fais. Il est bon hein ? » lançait-elle à la ronde, et cette nuit-là, j'ai vu sourire un enfant heureux de son exploit. À Sydney, avant le spectacle, dans la loge de la chanteuse, cette fois devant la caméra omniprésente qui filme sans interruption les activités publiques et privées de la star en vue du DVD sur la tournée *Taking Chances*, René-Charles accapare sa mère et les membres du clan Dion et des proches avec des tours de magie. Tout le monde s'exclame, sa mère et son père au premier chef, et René-Charles paraît satisfait d'avoir fait son propre show et reçu des applaudissements avant que sa mère ne s'exécute elle-même.

Ce besoin d'entrer en compétition, René-Charles l'éprouve également avec son papa, et c'est à travers le golf que l'enfant réussit à l'épater. Malgré son jeune âge, le fils démontre des dispositions exceptionnelles pour ce sport qui passionne son père, ce dernier s'étant même porté acquéreur d'un club, Le Mirage, au Québec. Le fils partage l'engouement de son père au point que l'annonce d'une partie de golf en fin de matinée est le seul argument efficace pour l'obliger à se mettre au lit plus tôt dans la nuit. Le père, faut-il s'en étonner, a transmis à René-Charles une autre passion, qui l'éloigne, celle-ci, de sa mère : le jeu de cartes. Ce goût du jeu, René Angélil le tient des membres de sa propre famille et ne considère pas qu'il doit se repentir de l'avoir transmis à ce petit garçon au flegme aussi infaillible que le sien.

Céline Dion fut entourée toute sa vie de gens plus âgés, et elle a reproduit ce modèle avec son fils. Le désir de l'avoir à ses côtés de façon constante n'explique qu'en partie l'absence de socialisation du fils avec d'autres enfants. Son credo sur la mère qui seule sait ce qui est bon pour son enfant définit sa pédagogie. Inconsciemment, elle reproduit la relation avec sa mère qui demeure sa conseillère sur ce sujet comme sur tant d'autres. Entre la mère qui refusait sa grossesse et la fille qui s'est battue et a défié les pronostics de la science pour se retrouver enceinte, la culpabilité inévitable de la première et l'angoisse de perdre le précieux fils de la seconde entraînent une même conséquence, à savoir un attachement fusionnel que personne ne peut remettre en cause. La différence, et elle est de taille, réside dans le fait que les liens mère-fille ne ressemblent guère à ceux de la mère et du fils, plus passionnels dirions-nous, plus exclusifs et parfois plus problématiques. En revanche, René-Charles possède l'avantage d'avoir un père dont l'image est aussi puissante que celle de sa maman, un père devant lequel s'inclinent nombre de gens, si bien que le petit garçon aimé intensément peut admirer également ses deux parents.

Nombreux sont ceux, dans l'entourage et le public en général, qui s'interrogent sur l'éducation de ce petit garçon pas comme les autres. « A-t-il des petits amis ? Va-t-il à l'école ? » sont des questions qu'on entend dans tous les déplacements. Mais ce qui semble déranger tout le monde, même les non-fans de Céline, ceux qui un jour ont aperçu des photos ou des images de René-Charles, ce sont bien sûr les longs cheveux du garçon. Selon sa mère, il faut respecter son souhait de conserver cette coiffure unique dont on imagine l'impact s'il devait fréquenter l'école. Le fils de Céline Dion ne peut pas être comme les autres enfants et cette longue chevelure du garçon de huit ans le distingue des autres, de tous les autres. Il ne s'agit pas ici d'un effet de mode ni même d'une nostalgie hippie ou d'une expression du romantisme, mais bien plutôt de l'image du fils souhaitée par sa mère. Et rares sont ceux dans l'entourage immédiat qui oseraient aborder la question avec la star. Les interprétations sont donc aussi nombreuses que frivoles mais il est surprenant de constater l'intérêt que la tête de René-Charles suscite. Le petit garçon nullement efféminé devine bien qu'il plaît ainsi à sa maman, tout en n'ignorant pas que son papa souhaiterait sans doute qu'il retrouve une coiffure plus conforme à son sexe et à

163

son âge. La rumeur veut que René Angélil ait manifesté le désir que René-Charles se soumette aux ciseaux du coiffeur avant la cérémonie à l'Élysée, mais le garçonnet aurait refusé de se plier à sa demande.

Les cheveux longs du fils dérangent, car ils ne correspondent pas à l'image traditionnelle de Céline Dion. Que l'enfant d'un chanteur rock iconoclaste et drogué soit une copie juvénile du père étonnerait moins que l'allure de ce garçonnet qui renvoie de sa mère, du simple fait de sa coiffure, une image moins conforme, plus atypique et par le fait même plus mystérieuse. La question qui demeure à vrai dire inexplicable est : pourquoi cette caractéristique physique dérange-t-elle tant de gens et pourquoi la mère y tient-elle tant ?

Pour éviter d'être pris en photo ou filmé René-Charles a souvent des réactions physiques face aux médias. Il marche serré contre son père ou sa mère, comme s'il tentait de cacher la moitié de son propre corps. Obéissant, il consent à regarder l'objectif des caméras si l'un des deux le lui demande. Il s'y plie volontiers s'il connaît ceux qui le photographient. En ce sens, il exerce une discrimination qui lui est propre et qui démontre un certain contrôle de cet environnement dans lequel il doit évoluer.

L'enfant aux cheveux longs

L'enfant manifeste un intérêt pour la photo et son père lui a procuré, lors de la tournée, un appareil sophistiqué, de fait un de ceux qu'utilisent les photographes professionnels. Certes, René-Charles n'en demandait pas tant, mais tel est René Angélil qui aime « le meilleur peu importe le prix ». Ayant l'habitude d'observer les professionnels qui circulent autour de lui, René-Charles s'est comporté de la même manière. Au cours de certains événements, l'anniversaire de sa mère en Australie entre autres, il fallait voir le garçonnet mitrailler son entourage, l'appareil enroulé autour du cou, un genou au sol comme le photographe officiel Gérard Schachmes dont il copiait la gestuelle. Cette fonction que René-Charles s'attribue en public le soustrait à l'œil extérieur en lui donnant le sentiment de se mettre en scène selon ses propres règles. L'avenir dira si la voie de René-Charles se situe dans l'ombre, derrière la caméra, ou sous les réflecteurs, soumis au regard permanent des autres. Le désir de l'enfant de jouer au photographe dans un mimétisme parfait relève à la fois de son malaise d'être fils de stars et de sa capacité à contourner les inconvénients évidents de ce statut d'enfant hypermédiatisé.

À Québec, en août 2008, une heure avant la cérémonie en l'honneur de sa mère à qui l'on attribuait un doctorat *honoris causa*, il s'est retrouvé avec ses parents et leur entourage immédiat dans la salle du palais Montcalm pour quelques vérifications d'usage. René-Charles avait oublié son appareil photo et je lui ai offert le mien : « Prends toutes les photos que tu veux. Je te les enverrai par Internet par la suite », ai-je dit. Il est resté muet, comme à son habitude, a pris le petit appareil et s'est mis à photographier la salle vide, le lutrin, les coulisses, tout sauf les personnes qui se trouvaient sur la scène, son père et sa mère inclus. Le lendemain matin, par curiosité, j'ai ouvert l'appareil pour regarder les images que l'enfant avait captées. À part les photos d'objets, il n'y avait qu'une seule personne photographiée. C'était René-Charles qui avait réalisé son autoportrait. Les yeux brillants fixant la lentille, il souriait, l'air heureux. Cette photo qu'il m'offrait comme un cadeau était sa façon à lui de me dire merci. Cette offrande révèle toute la délicatesse de cet enfant bombardé de toutes parts, harcelé par le public et qui s'enferme dans son mystère. On découvre en l'observant que son apparente indifférence n'est qu'un écran derrière lequel il se transforme en spectateur actif de ce monde agité du show business.

Chacun a son mot à dire sur ce garçonnet isolé dans l'univers des adultes, partageant ses jeux avec des gardes du corps, ne fréquentant pas l'école, jouant aux cartes et au golf, des activités réservées en général aux adultes, un garçon couvé par son parrain et sa marraine qui ne le quittent pas des yeux, un enfant qui passe des heures devant des écrans à enregistrer, faire du montage de DVD comme un grand. Il n'a pas d'enfance, répètent les uns et les autres. « C'est triste », dit-on. « Les parents vont en faire un névrosé », affirment les spécialistes de la psychologie pop. Qui a raison, qui a tort ? En règle générale, les gens ont eu des parents « normaux », anonymes. Ils ont fréquenté l'école, ont eu de nombreux amis d'enfance, n'ont pas vécu dans des suites d'hôtels, et pourtant ils se retrouvent chez des psys, à tenter de surmonter les traumatismes de leur jeune âge. En ce sens, qu'est-ce donc qu'une enfance « normale » qui nous protégerait de la vie elle-même ? L'enfance du fils de Céline Dion et René Angélil aura-t-elle des conséquences plus problématiques que celle des autres enfants ? « Je t'aime, lance Céline à son fils avant un show. – Je t'aime moi aussi. Bon show maman », répond le garçon qui retourne vers son père et reprend son activité là où il l'avait quittée. Lui seul décidera de son destin d'adulte. Comme tous les autres enfants, avec ou sans cheveux longs.

Une voix

« Aimez-vous votre voix ? » ai-je demandé à la chanteuse lors de l'entretien qu'elle m'accordait sur TV5 Monde. Elle a accusé la question comme un boxeur accuse le coup et est restée près de quinze secondes sans répondre. Ce silence, dramatique à l'écran où le temps est toujours compressé, révèle la relation complexe et angoissante que Céline Dion entretient avec sa voix. Cette voix, la chanteuse en a usé de façon excessive, dangereuse même au début de sa carrière. Elle l'a poussée au risque de l'abîmer avant que celle-ci ne lui envoie des signes alarmants. C'est par cette voix que la petite fille s'est révélée, c'est par elle qu'elle a conquis son premier public au Québec et en France. Par sa voix elle a ébranlé l'Amérique qui a consenti à lui dérouler le tapis rouge réservé aux mégastars. Grâce à sa voix, Céline Dion bouleverse les foules et irrite ses détracteurs incapables de lui nier ce don naturel. Cette voix, René Angélil a compris en l'entendant pour la première fois qu'elle paverait la voie vers la gloire. Cette voix, David Foster, le célébrissime producteur et auteur de Los Angeles, l'a découverte un soir de pluie sous une tente où Céline Dion se produisait dans les Laurentides, au nord de Montréal. Dans ses Mémoires, il raconte qu'au moment où Céline a commencé à chanter la Terre s'est arrêtée de tourner pour lui. « Je fus soudainement transporté par sa voix… Après sa seconde chanson je me suis dit que j'étais devant la plus grande chanteuse de la planète. » David Foster[1], faut-il le souligner, a produit entre autres Barbra Streisand, George Harrison, Paul McCartney, Diana Ross, Rod Stewart.

À quelques reprises, j'ai abordé ce sujet avec la chanteuse. « C'est la pire question qu'on peut me poser, avoue-t-elle. Je pense qu'avec cet instrument qu'est ma voix, je réussis à faire des choses que normalement, je ne devrais pas arriver à faire. » Les plus grands spécialistes au monde, ces oto-rhino-laryngologistes et pneumologues qui l'auscultent, introduisent des caméras dans sa gorge pour soigner ses cordes vocales et s'assurer que le mécanisme n'est pas altéré, demeurent étonnés de leurs constatations. Céline aime raconter la surprise des médecins : « Normalement, me disent-ils, vous ne devriez pas réussir à chanter comme vous le faites. »

---

1. *Forty Years Making Music*, Hitman, Pocket Books, New York, London, Toronto, Sydney, 2008.

Une voix

Je leur réponds toujours : « Je ne chante pas avec mes cordes vocales, je chante avec mon cœur. » Et Céline d'en conclure que cette voix par laquelle elle affirme sa singularité, cette voix, qui nourrit à la fois son bonheur et son angoisse, demeure sa possession la plus intime et la plus mystérieuse.

Contrairement aux chanteurs d'opéra qui reçoivent dès leur jeune âge un enseignement classique où la technique assure la protection de la voix, Céline n'a reçu aucune formation. Elle chantait comme elle respirait. Sans effort, sans contrainte, mais aussi sans mesure. Il a fallu qu'elle se retrouve aphone un jour pour prendre conscience que ce joyau dont elle avait hérité pouvait être altéré et à la limite lui échapper. Sa force de caractère alliée à son endurance physique lui a permis d'accepter les sacrifices sans lesquels sa carrière de chanteuse pouvait être compromise. Céline Dion s'impose une hygiène de vie qu'ignore le commun des mortels. Elle ne fume pas, certes, boit rarement de l'alcool et surtout, dès que sa voix se fragilise, elle s'enferme dans le silence : selon l'état de sa voix, ces plages silencieuses peuvent durer des jours.

Dans un ouvrage écrit en collaboration avec Georges-Hébert Germain[1], la chanteuse a décrit en

---

1. Céline Dion, *Ma vie, mon rêve*, en collaboration avec Georges-Hébert Germain, Robert Laffont, 2000.

détail les problèmes qu'elle a connus avec sa voix au début de sa carrière américaine en 1989, lorsque, si près du but, tout a failli s'effondrer. C'est à ce moment-là qu'elle a compris le mauvais usage qu'elle faisait de ses cordes vocales et qui allait l'obliger à réapprendre à chanter. Céline Dion a alors consulté feu le docteur William Gould à New York, « le meilleur ORL au monde », assurent Céline et René, dont les célèbres patients furent John Kennedy, Frank Sinatra, Luciano Pavarotti. Le spécialiste, après l'avoir examinée, l'a placée devant un choix : l'opérer avec les risques que cela pouvait avoir de transformer sa voix et d'en altérer le timbre, ou garder un silence absolu durant trois semaines après quoi, en fonction des examens, le célèbre médecin pourrait la confier à son associé, le docteur William Riley. Ce dernier, lui-même chanteur, allait entreprendre un long et difficile travail de restauration de la précieuse voix de la star. Le médecin estimait qu'un minimum de cinq ans d'entraînement quotidien serait nécessaire avant que la chanteuse puisse constater les résultats de ce traitement. René Angélil fut bouleversé du diagnostic et assura Céline qu'il comprendrait son refus de se soumettre à une telle épreuve. « Moi, si on me proposait un régime qui me ferait maigrir dans cinq ans, lui dit-il, tu peux être sûre que je refuserais de le suivre », raconte Céline dans son livre. Mais René aurait dû deviner que sa femme n'allait reculer devant aucun obstacle, compte tenu de son caractère bien trempé.

Une voix

Céline a donc recommencé de zéro en quelque sorte. Elle a réappris, dit-elle, à articuler, à respirer, à bouger, à marcher, à se tenir droite, assise ou debout. Elle a redécouvert sa voix, l'a apprivoisée, séduite, défiée, et d'abord a-t-elle sans doute appris à être tendre avec elle. Quinze ans plus tard, alors que sa voix a atteint sa maturité, qu'elle est à la fois plus souple, plus subtile, qu'elle lui offre des textures et des couleurs plus variées, à la question : « Aimez-vous votre voix ? » la chanteuse hésite encore, incapable de répondre par un « oui » ou par un « non ». De peur peut-être de figer son évolution, elle dont le perfectionnisme relève de l'obsession. Par crainte aussi que sa voix, cette part si intime d'elle-même, ne la trahisse ou l'abandonne.

Perdre la voix est le cauchemar de tous les grands chanteurs, et Céline Dion n'échappe pas à la règle. Pourtant, contrairement aux chanteurs d'opéra qui restreignent le nombre de leurs concerts annuels, la star de la chanson populaire défie les règles. À Las Vegas, de 2003 à 2008, elle a donné sept cent vingt-trois spectacles, auxquels il faut ajouter de très fréquentes prestations sur scène ou dans des galas télévisés, sans oublier de multiples activités médiatiques, source de fatigue incontestable. Alors, pourquoi ce rythme frénétique dont j'ai été un témoin privilégié tout au cours de cette tournée *Taking Chances*, où le public se bousculait pour entendre son idole ? Pourquoi Céline, qui possède à n'en

173

point douter une connaissance scientifique de sa voix et des conséquences de la fatigue et du stress sur celle-ci, semble-t-elle incapable de freiner ce rythme qu'elle s'impose elle-même ? Nous sommes ici au cœur d'une contradiction fondamentale de la chanteuse, qui d'un côté se plie à une discipline de fer pour protéger sa voix, et qui en toute conscience la met en péril en menant une vie trépidante, défiant les fuseaux horaires, les conditions météorologiques, traversant les continents comme d'autres les autoroutes, qui voyage dans un avion privé, certes, mais subit comme tous les effets de la pressurisation, et ce plusieurs fois par semaine. La chanteuse vit entre la climatisation, mortelle pour la voix, et les courants d'air des stades conçus avant tout pour les activités sportives, c'est-à-dire des installations à l'opposé des loges luxueuses, confortables et douillettes auxquelles on s'attendrait. En fait, si les suites des palaces où réside le couple correspondent aux critères de vie d'une star, les systèmes d'aération et de ventilation entraînent à la longue une vulnérabilité générale de l'organisme. On a pu le constater lors du passage de la tournée en Australie quand Céline Dion dut reporter quelques concerts.

C'est à Surfers Paradise, station balnéaire très prisée des Australiens sur la Gold Coast, que la tournée s'est immobilisée en mars 2008 à cause des problèmes de voix de la chanteuse. À vrai dire, de nombreux membres de la tournée sont alors affectés par un virus attrapé sans doute à Séoul, l'étape précédente, où sévissait un froid humide et transperçant. Or, quand la chanteuse ne chante plus, la machine que commande pareille tournée se grippe. La troupe dut alors se déplacer vers Sydney, après le report du spectacle de Brisbane. Mais dans la capitale australienne, la voix de Céline ne permit pas de maintenir le spectacle prévu. Ces annulations successives contribuent à alourdir l'atmosphère générale. « Comment va Céline ? » est une question lancinante que peu de gens osent poser ouvertement. Céline, confinée dans sa suite, devient l'objet de toutes les conversations. Tout le monde est sur le qui vive et René Angélil que l'on croise dans l'hôtel entre deux ascenseurs au fil des jours ne peut masquer son anxiété. « On organise une conférence téléphonique avec les meilleurs spécialistes australiens et américains pour que Céline leur décrive ses symptômes. Les tests qu'elle a passés ici ne révèlent rien d'anormal. » Céline est devenue au fil des ans sa propre spécialiste. Elle a de sa voix, de sa gorge, de ses poumons, une connaissance pointue qui lui permet de parler aux médecins d'égal à égal, d'une certaine manière. « Ma voix, c'est mon double. Je la sens, je m'adresse à elle, je l'apprivoise », me dira-t-elle. Mais toutes les techniques du monde sont inopérantes devant les exigences de la voix elle-même. Céline Dion grâce à elle dépasse ses limites en tant que chanteuse, mais sa voix peut en quelque sorte briser sa carrière en lui échappant : cette voix qui a donné vie à la chanteuse peut aussi la tuer. Céline vit en permanence avec cette épée de Damoclès au-dessus de la tête, bien qu'elle en parle rarement.

Cet épisode éprouvant survient au moment de son quarantième anniversaire. Ce soir du 30 mars 2008, la fête organisée par René n'aura pas le faste qu'il aurait souhaité, car on avait prévu une réception énorme. Devant un parterre de proches, nous sommes trente-cinq personnes, les intimes, comme dirait René. Céline qui a quitté ses quartiers surgit, pâle, les traits tirés malgré le maquillage. Mais surtout, on la sent tourmentée, fragilisée. Elle entre dans la salle encadrée de son mari, sa mère et son fils, et cette fois, l'esprit de fête cède le pas à une inquiétude que tous tentent de dissimuler. C'est Céline elle-même qui brisera le malaise en parlant ouvertement des défaillances de sa voix. « Ma voix est en panne mais j'ai confiance en moi. Je sais ce que je veux maintenant. J'ai quarante ans et je vis la maturité comme un cadeau du ciel. Ne vous inquiétez pas pour moi. » Qu'on le veuille ou non, la plupart des gens présents ce soir-là, comme le reste des membres de la tournée, s'inquiètent aussi d'eux-mêmes puisque leur travail est totalement à la merci des performances de la chanteuse. Cette responsabilité, de chef d'entreprise en un sens, Céline l'assume avec gravité. Sa voix est aussi le gagne-pain de ceux qui l'entourent.

Une voix

C'est une Céline rongée d'angoisse, toujours à cause de sa voix, que je retrouverai à Mexico en décembre 2008. La tournée américaine amorcée en septembre sans véritable interruption avec la partie européenne a donné lieu dans les dernières semaines à plusieurs annulations de concerts qu'il lui faut reporter par la suite. La fatigue accumulée et les effets négatifs prennent le dessus. En arrivant au stade de Mexico, au lieu de gagner directement sa loge comme à son habitude, la chanteuse m'aperçoit et se dirige vers moi. Sa pâleur accentue la minceur de sa figure. Crispée, elle n'arrive pas à amorcer un semblant de sourire, ce qu'elle sait faire publiquement en toutes circonstances. « Savez-vous ce que c'est que le syndrome du Globus ? demande-t-elle avec de la frayeur dans le ton. C'est ce que j'ai, ajoute-t-elle. Pendant que je suis sur scène en train de chanter, je suis prise de spasmes. Ma voix ne répond plus, elle accroche dans ma gorge. » La Céline Dion qui me parle ne ressemble en rien à la femme rationnelle qui discute de sa voix, diagnostique avec précision et acuité les symptômes qu'elle éprouve. La jeune femme semble avoir perdu quelque peu le contrôle sur elle-même. La Céline de Mexico est tourmentée et renvoyée encore une fois à elle-même. La pression l'atteint, à n'en point douter. Le cumul de la fatigue, du stress, une forme non avouée de lassitude, font apparaître une Céline Dion vulnérable, inquiète, seule, très seule malgré l'entourage. Cette fois, son mari ne l'a pas accompagnée, sur les conseils du médecin. Car l'état dans lequel se trouve sa femme le plonge lui aussi dans un stress qui déteint sur elle. Les signaux d'alarme quant à l'évolution de sa voix sont devenus menaçants. Et toujours cette angoisse quant à sa capacité de continuer à maintenir ce cycle infernal qui défie la raison.

À Mexico et Guadalajara, le public manifeste un enthousiasme à la hauteur de la réputation des Latino-Américains. L'accueil réservé à la chanteuse est d'autant plus électrique que Céline Dion se produit au Mexique pour la première fois. Les dizaines de milliers de spectateurs chantent en chœur avec elle, en redemandent par leurs applaudissements et surtout ne semblent guère remarquer les failles dans la voix de leur idole. Mais la chanteuse ne tente pas d'amoindrir les critiques qu'elle s'inflige à elle-même. Le succès des deux concerts ne compte pas à ses yeux. « Vous ne pouvez pas atteindre la perfection tous les soirs. Vous devez accepter les ratés occasionnels, ne croyez-vous pas ? » lui fais-je remarquer afin de tenter d'apaiser son angoisse si palpable qu'elle devient contagieuse. « C'est le public qui a chanté à ma place », répond-elle. Impossible donc d'essayer de lui faire relativiser ce sentiment d'échec qu'elle éprouve et qui accentue son stress, lequel a des incidences sur sa voix. Ce cercle vicieux l'enferme dans une tourmente, et elle est encore une fois la seule à pouvoir s'en libérer. Cette voix, source de sa gloire ou de sa perte, délimite les contours de sa personnalité. Et en ce sens, bien qu'elle s'en défende, la femme est indissociable de la chanteuse.

Sa voix, contrairement à celle de la plupart des chanteurs, se dédouble selon que Céline Dion chante en anglais ou en français. Certains croient même qu'il y a deux chanteuses. Luc Plamondon qui a écrit pour elle assure qu'il y en a trois, la chanteuse québécoise, la chanteuse américaine et la chanteuse française. Lorsqu'elle chante en anglais, une langue apprise à la fin de son adolescence, Céline Dion use de sa voix avec moins de nuance et de modulations qu'elle ne le fait en français. C'est une voix pyro-technique, dira un de ses musiciens. Le son améri-cain, une exigence incontournable pour atteindre les sommets du Billboard, la bible du palmarès des succès de ventes aux États-Unis, il faut s'y soumet-tre. Cependant, la voix criarde de Céline Dion à ses débuts fait place aujourd'hui à une voix plus enve-loppée, plus souple, moins poussée. La maîtrise, l'expérience et son évolution émotionnelle l'ont transformée. Il est vrai aussi que la chanteuse appa-raît non pas plus sincère mais plus tendre, plus intime, dans ses interprétations en français. Et force est de constater que la culture américaine dans laquelle elle s'est installée avec d'autant plus de naturel que son éducation musicale s'est nourrie de celle-ci lui est plus familière que la culture française de France. « Je chante avec mon cœur mais mon cœur est québécois. » Voilà comment par un jeu de mots Céline Dion résume sa propre diversité culturelle.

Les millions d'admirateurs de la chanteuse l'ont découverte grâce à sa voix mais l'affectionnent en raison de sa façon de vivre sa célébrité. Ils assistent aux concerts pour être envoûtés et bouleversés. Et ils exigent que la chanteuse leur livre sa voix, ce qu'elle fait sans s'épargner. Dans son vaste répertoire, une chanson, *All By Myself*, au titre révélateur permet à Céline de déployer son registre vocal qui s'étend du *la* du *do* central au *fa* deux octaves plus haut. Quand elle chante en poussant sa voix à ses limites, on a le sentiment, certains soirs, alors que la chanteuse a exprimé en répétition des réserves sur ses capacités vocales à cause de la fatigue, qu'elle joue le tout pour le tout. Cherche-t-elle le plaisir secret de l'attirance vers le précipice ? Défie-t-elle sa mort vocale ? Est-elle intoxiquée par la fascination qu'elle impose à la foule ? Ce moment où la voix percute le toit du stade et où croulent les applaudissements et les cris plonge sans doute la chanteuse dans un état extatique. Et en ce sens, la voix de Céline Dion est sa propre drogue.

On peut regretter que Céline Dion, avec une voix comme la sienne, ait choisi la musique populaire plutôt que le répertoire classique qu'elle aurait pu servir de façon remarquable. Mozart, Bellini ou Puccini auraient été mis en valeur par une telle voix. L'opéra n'est pas un art populaire au Québec. Personne n'a donc songé à faire de l'enfant surdouée une Maria Callas, car les références musicales s'inscrivaient dans la musique pop. La Callas de Céline à ses débuts, c'était Barbra Streisand. Dans son domaine, Céline Dion a atteint les sommets de son art. Le maestro Ken Nagano, directeur de l'orchestre symphonique de Montréal, lui a rendu un hommage soutenu à la fin de 2008, lors du gala de la musique à Montréal. « Céline Dion appartient à l'élite de la chanson. C'est une immense artiste. » Ken Nagano croit aussi que la chanteuse pourrait aborder le répertoire classique, un nouveau défi s'offrirait à elle, car, après avoir fracassé tous les succès de ventes, parcouru la planète où on l'a accueillie en triomphe, que peut souhaiter celle pour qui le risque professionnel demeure une façon de vivre ?

À travers le monde, des milliers de jeunes filles rêvant d'une carrière chantent en imitant Céline Dion. Que son répertoire plaise ou non, sa voix s'impose, reconnaissable entre toutes. Certains détracteurs vont jusqu'à lui contester cette voix qui leur est insupportable. Peu de gens sont conscients qu'une voix exceptionnelle est un lourd héritage. Qu'elle impose à celui qui la possède et décide de l'exploiter un travail à la mesure du talent. Une chanteuse de la stature de Céline Dion doit se soumettre à des contraintes insoupçonnées, que la plupart des gens refuseraient d'envisager. « Céline Dion est comme nous », croient-ils. Ils se trompent. Pour que sa voix s'offre à elle, Céline Dion consent à se mettre au service de celle-ci. Elle subit ses caprices, ses tyrannies, et s'oblige à l'apprivoiser comme une inconnue susceptible de l'abandonner. Une voix exceptionnelle n'habite qu'une personne qui se sacrifie pour elle.

L'entourage

« J'aime qu'on m'aime et me réclame. » Cet aveu candide de Céline Dion n'échappe pas aux gens qui l'entourent et qui n'ont de cesse d'éveiller son attention et de se rendre indispensables. Céline Dion et René Angélil vivent au cœur d'un cercle d'élus auxquels s'ajoutent selon les circonstances des « intrus » momentanément importants voire nécessaires aux projets du couple. Nous sommes en quelque sorte à la cour où la reine domine de son absence, où le roi exerce le pouvoir tantôt avec bienveillance, tantôt avec autoritarisme mais la plupart du temps avec un paternalisme de bon ton.

Céline Dion, et c'est là un côté énigmatique du personnage, est la femme inatteignable la plus accessible. Seuls quelques élus au sens fort du terme peuvent entrer directement en contact avec elle. René veille à ce que son artiste soit protégée du public, mais aussi de son propre entourage. La star réussit donc ce tour de force de se faire désirer tout en donnant l'impression d'être disponible. Elle ne joue pas à la star, mais sa vie l'isole du reste du monde, de la même manière que les têtes couronnées, les chefs d'État et les quelques superstars que compte la planète. Comme à la cour des rois, Céline est l'objet des conversations et le centre des préoccupations de ceux qu'il faut bien appeler ses courtisans.

Travailler pour Céline Dion confère un statut social, en quelque sorte, car sa notoriété s'étend à ceux qui la côtoient. Certains membres de ce cercle, contrairement à la chanteuse si simple et affable dans ses rapports aux autres, se comportent en stars, grosse tête incluse. Dans les relations professionnelles qu'ils entretiennent avec elle et son mari, ils adoptent tous les tics des courtisans. Évidemment, le couple n'est pas dupe des tractations, des rumeurs, des critiques qui le concernent mais à cet égard, et contrairement aux apparences, René Angélil est plus naïf que sa femme. « Le plus grand succès, m'a dit un soir Céline alors en veine de confidences, c'est de se connaître soi-même. Je suis une femme lucide. Je vois des choses chez les gens qui échappent à mon mari. » À n'en point douter, Céline Dion est moins sensible au faste, au pouvoir et à la flatterie qui s'y rattache que René Angélil. Celui-ci a gardé le regard du fils d'immigrants qui rêvait de vivre la vie des stars du show business. À l'opposé et à l'instar de sa mère, Céline Dion ne se laisse impressionner que par ceux qui sont des modèles à ses yeux. Les grands artistes avant tout. Elle débusque les obséquieux et respecte au premier chef les gens authentiques, quel que soit leur statut social. Elle témoigne envers son entourage professionnel d'une grande attention. « Ça va le dos aujourd'hui ? » demandera-t-elle à un danseur. « Comment va ta mère ? » s'enquerra-t-elle auprès d'un musicien inquiet de l'état de santé de cette dernière. Mais elle ne résistera pas à ridiculiser en privé un importun qui s'acharne à tenter d'accéder à elle. Céline, en ce sens, joue de discrimination tout en évitant systématiquement de blesser les gens.

Au cours de la tournée, je n'ai entendu qu'une seule fois, d'un membre de la garde rapprochée de la star, une remarque sur l'humeur sombre de la chanteuse. « Je ne sais pas ce qui se passe mais Céline n'a salué personne aujourd'hui. Depuis des années que je l'accompagne, je n'ai jamais vu cela. » Et la rumeur de se répandre en hypothèses diverses. Le « Que cache-t-elle ? » s'accompagne d'une vague inquiétude que chacun s'efforce de garder pour lui. Comme jadis à la cour des rois ou de nos jours dans le cabinet d'un chef d'État, les proches sont affectés par l'état physique et psychologique de celui ou celle qu'ils servent. Afin de s'ajuster à la situation, car grâce à la fréquentation régulière de leur employeur si particulier, ils perçoivent ses besoins. Admirateurs inconditionnels, défenseurs aveugles, ils sont un rempart contre l'envahissement extérieur. Dans le cas de Céline, chacun se transforme en cerbère de la star et chacun tire son pouvoir de la proximité avec elle. « Céline m'a dit » ou « J'étais avec Céline » est la phrase clé, le sésame vers la gloire personnelle, celle de recevoir de la part de la chanteuse une attention qui singularise, car si Céline Dion aime être aimée, ceux qui gravitent autour d'elle souhaitent tous la réciproque.

La générosité de la star, devenue légendaire, favorise aussi l'adhésion à sa personne. Il y a chez elle un désir authentique de partager ses propres plaisirs. « Quand on a été élevée dans une famille de quatorze enfants, on n'a pas tendance à croire que le gâteau sur la table est à nous. On se contente d'un morceau. » C'est peu dire que Céline Dion aime offrir des cadeaux. Elle comble littéralement son entourage. Montres de luxe, bracelets en or, sacs hors de prix, ce qui est bon pour elle est bon pour d'autres. Les esprits chagrins diraient qu'elle possède les moyens financiers de sa générosité, mais on sait fort bien que la radinerie et la mesquinerie n'épargnent pas les riches. Au contraire.

Dans sa façon de se comporter avec ses proches, Céline Dion commande donc le respect. À cet égard, la star ne peut être prise en défaut. Personne n'a quitté Céline Dion en claquant la porte, s'étant senti blessé ou méprisé par elle, contrairement à ce qui se passe dans l'entourage d'autres grandes et bien évidemment petites stars. Ce respect qu'elle impose n'est que la contrepartie de celui qu'elle exprime envers les autres. En ce sens, il est difficile de résister à son charme. Son immense succès repose aussi sur cette conviction qu'ont ses admirateurs qu'elle leur est sincèrement reconnaissante de l'aimer et de lui être si fidèles.

Il serait faux de croire que l'aisance et la simplicité de la chanteuse dans ses relations aux autres permettent toutes les familiarités. La chanteuse sait créer sa propre distance. Elle a une conscience aiguë de sa stature, ne joue pas à la modeste, son humilité réelle se situe face à sa performance artistique, et elle s'attend à être traitée selon les égards dus à sa personne. Elle déteste la trop grande familiarité, la brusquerie, et ceux qui se méprennent en s'adressant à elle sans y mettre les formes élémentaires de la politesse sont vite écartés. L'intelligence de la diva est une arme redoutable dont elle use avec les grossiers, les malpolis ou les quémandeurs qui parfois réussissent à franchir les barrières érigées autour d'elle.

La première protectrice de la chanteuse, c'est elle-même. Elle l'explique ainsi : « J'ai ouvert le livre de ma vie à mes fans et au public en général. J'ai donc été obligée de me protéger par la suite. Ce fut difficile de réussir à me construire une carapace translucide, sorte de vitre antiballe. Il n'y a que moi à savoir que je me protège. Et peu nombreux sont ceux qui possèdent le code pour la transpercer. Cette autoprotection m'est essentielle. Je ne fais pas confiance à beaucoup de gens, admet-elle. Ma carapace m'accompagne donc partout. Mais même avec cette "cage" qui m'entoure, j'aime à créer des liens. » Cet aveu franc fait éclater l'image que s'appliquent à propager ses détracteurs et les envieux, celle d'une femme gentille qu'on déstabilise sans effort. Sa méfiance systématique est certainement tributaire de ces années où la jeune fille qu'elle était a senti sur elle le regard peu flatteur de tous ceux qui la croyaient le jouet des ambitions de son gérant. Trop longtemps, on a interprété le silence de l'adolescente qui laissait René Angélil parler à sa place comme un signe d'inintelligence. D'ailleurs, les humoristes en faisaient leurs choux gras et certains persistent à la dépeindre en idiote, ce qui est un comble, compte tenu de sa force de caractère et de son intelligence pénétrante, ces qualités sans lesquelles elle ne serait jamais parvenue au faîte de son art.

Céline Dion se soustrait donc à la plupart de ceux, infiniment nombreux, qui souhaitent l'approcher. Sauf sur le plan professionnel où elle accepte ces nombreuses activités publiques, Céline règne sur sa cour par son absence bien plus que sa présence. Les liens qu'elle tisse, comme elle le dit, sont d'autant plus intenses qu'ils sont, la plupart du temps, sans véritable suite. Sa vie privée demeure extrêmement réduite compte tenu de la somme de travail qu'elle déploie, et elle est réservée à quelques membres de sa famille et de rares amis dont Robin, sa voisine en Floride. Son chef d'orchestre Mégo, qui travaille avec elle depuis vingt et un ans, admet n'avoir pas accès à la chanteuse en dehors de leur vie professionnelle et doit passer par René Angélil pour lui transmettre un message. « Parfois, rarement, elle répond au téléphone lorsque j'appelle à sa résidence », précise-t-il.

René Angélil, gardien incontournable de son artiste, règne sur l'entourage même si, depuis quelques années, Céline Dion a pris en main sa carrière. Durant la tournée, l'omniprésence de Réné s'imposait sur la troupe d'une centaine de personnes. Les rares soirs où il s'absentait des stades, l'atmosphère s'en ressentait. L'homme se fait discret, préfère les conciliabules et les échanges intimes aux discussions devant un public même restreint. Son autorité s'exerce sans coup d'éclat en public et rares sont ceux qui osent solliciter son attention sans motif. Et c'est lui, bien évidemment, qui autorise l'accès à sa femme. Il joue en quelque sorte un rôle de douanier bloquant ou accordant le laissez-passer vers elle. Il est donc celui par lequel on n'arrive pas à Céline Dion.

Les membres privilégiés de l'entourage, l'assistante plus que fidèle Sylvie Beauregard, certains

gardes du corps, Mike et Nick, et quelques indispensables ont un accès direct et illimité à la star,
mais uniquement dans le cadre de leur travail. Les
collaborateurs, sauf exception, ne peuvent revendiquer le statut d'amis du couple, bien que René
Angélil ait tendance à user du mot « ami » avec plus
d'élasticité que sa femme.

Depuis quelques années, Céline Dion fait davantage l'économie de sa présence. Le peu de temps
qui lui reste, elle le réserve à son fils, ce qui réduit
davantage les rares moments pour elle seule ou
pour sa vie de couple. Cette ronde permanente
autour d'elle la prive-t-elle du besoin légitime de
s'appartenir ? Difficile de percer sa carapace translucide à cet égard, car la star est une femme qui ne
se plaint jamais à son entourage, sauf en ce qui
concerne les aspects de son métier. Alors, chacun
s'empresse de répondre à ses exigences professionnelles avec célérité, sachant par ailleurs qu'elle n'est
pas femme à manifester des caprices de vedette. On
est loin de Madonna qui fait changer toutes les ten-
tures de sa suite au prétexte qu'elles ne filtrent pas
suffisamment la lumière ou qui pique des crises
d'hystérie devant ses collaborateurs, comme le
raconte son frère dans l'ouvrage qu'il a écrit sur elle[1].

---

1. *Life With My Sister Madonna*, Christopher Ciccone,
Simon Spotlight Entertainment, New York, London, Toronto,
Sydney, 2008.

L'entourage

Peu importe le lieu, la présence de la star est ressentie par l'ensemble des gens qui s'y trouvent. Dans les hôtels où elle descend, le personnel demeure sur le qui-vive. Lorsqu'elle quitte la suite encadrée par la sécurité, la rumeur se répand instantanément et dans le hall les gens s'immobilisent afin de l'apercevoir. Et il y a ses fans, toujours et partout, qui piaffent d'impatience devant les hôtels, devant les aéroports ou autres lieux où ils espèrent la voir. Si bien que sa vie en public est faite d'attroupements plus joyeux et excités que menaçants, de limousines qui démarrent en trombe, de portes qui claquent et de badauds qui, découvrant l'objet de cette mise en scène, s'empressent de photographier la star. Comment vivre de la sorte sans perdre son naturel, si l'on ne possède pas une capacité psychologique à se dédoubler en permanence ? Si l'on ne cède pas une partie importante de sa propre liberté à ceux qui font métier de nous protéger ou de nous permettre de garder contact avec la réalité ?

Observer Céline Dion et ceux qui l'entourent, c'est entrer dans la comédie humaine. Chaque membre de ce cercle enviable pose sur elle un regard unique. Chacun possède sa vision personnelle de ce qu'elle est. Chacun critiquera l'influence d'un autre sur elle. « Je ne comprends pas René de laisser X avoir tant de pouvoir sur Céline », dira l'un. « Quelqu'un devrait lui conseiller de se méfier d'Y », murmurera celui qu'on sollicite moins qu'auparavant. « L'entourage n'est pas à la hauteur de ce qu'elle est devenue », affirmera Z. Et chacun d'y aller de ses conseils. « Céline est mal protégée. » « Quelqu'un devrait lui dire de se reposer. » « René et Céline sont trop généreux. On les exploite », bref chacun souhaite secrètement être le favori, celui qui permettra à la star d'être plus heureuse, moins stressée, celui qui lui fera découvrir un endroit exceptionnel, un objet qu'elle ignore, et qui pourra par la suite prétendre être à l'origine d'une décision de la star et de son mari. Chacun, à vrai dire, espère secrètement être celui qui pourra se vanter de jouer un rôle actif dans le cours de la vie de la chanteuse, ce qui revient à dire que chacun veut revendiquer sa part de pouvoir sur elle. Et surtout chacune de ces personnes qui l'idolâtrent à vrai dire voudrait occuper une place particulière dans son cœur.

Le couple, par sa façon de traiter l'entourage, ne permet pas à ses membres de s'affronter ouvertement. D'ailleurs, ni René Angélil ni Céline Dion ne toléreraient de luttes de pouvoir autour d'eux. René Angélil, grâce à son âge, sa prestance, son expérience et le fait qu'il incarne une réussite spectaculaire, pèse de tout son poids sur la troupe. Il gère l'entreprise selon ses propres désirs, ses propres plaisirs qu'il veut partager. Il m'a expliqué un jour sa philosophie de gestionnaire à Macao, avant le spectacle au Venitian où, attablés, nous mangions un plat québécois populaire baptisé « pâté chinois », une adaptation du hachis Parmentier auquel on ajoute du maïs en crème, qu'il avait commandé au traiteur attitré de la tournée, Snackatack, et qui réjouissait tous les membres de l'équipe, majoritairement québécois. « Pour que les gens qui travaillent pour vous soient heureux, il faut bien les traiter. J'ai choisi le meilleur traiteur qui existe. On ne fait pas d'économie quand il s'agit de bien nourrir nos gens. Tout le monde aime bien manger, tout le monde aime être traité avec respect et avec égalité. Les techniciens sont aussi importants que les danseurs et les musiciens. Pas question qu'il y ait un menu pour l'entourage rapproché et un autre pour le reste du personnel. Et quand on est bien traité, on donne le meilleur de soi-même. Tous ceux qui nous accompagnent sont les meilleurs dans leur domaine. Ils se donnent à cent vingt-cinq pour cent. »

Durant la tournée, quel que soit le lieu où Céline Dion se produisait, des amis et des proches des familles des membres de la troupe assistaient au spectacle. Dans tous les cas, la chanteuse les rencontrait avant le spectacle ou pendant les répétitions, distribuant les mots gentils, les baisers, et se soumettant aux inévitables séances de photos. Ces attentions répétées, les blagues qu'échange Céline avec l'un ou l'autre des machinistes dans les moments où elle se soumet aux tests de son, les apartés qu'elle se permet avec le personnel de bord de l'avion, les employés des stades, les agents de sécurité, toutes ces attentions envers les uns et les autres participent du climat peu conflictuel, ce qui est rare dans le monde du show business, où l'attrait de la gloire et du pouvoir grisant fait s'affronter les uns et les autres.

Dans le courant de la tournée mondiale, aucune crise d'envergure n'est survenue au sein de la troupe. Quelques rares personnes l'ont quittée, une seule pour avoir eu un comportement inadéquat, question de drogue ou d'abus d'alcool, cela ne fut pas précisé. Il est évident que voyager dans des pays aux mœurs et aux lois diverses exige de la part de ceux qui sont associés de près ou de loin à Céline Dion une conduite qui ne doit pas nuire à l'image de la chanteuse. Or, Céline Dion symbolise des valeurs traditionnelles à l'opposé des chanteurs de la contre-culture vivant tous les excès, entourés de collaborateurs aussi extravagants et sulfureux qu'eux. Céline Dion et René Angélil ne sont ni prudes ni rigides mais ne toléreraient pas que l'image de la star soit altérée par des agissements inappropriés de la part de ceux qui les entourent. Il s'agit d'un code implicite auquel semblent se plier sans problème ceux qui travaillent pour eux.

Les avantages que retirent ceux qui les entourent professionnellement vont bien au-delà des conditions financières. Vivre dans le sillage de la star permet d'accéder à un monde où les obstacles, les règles, les contraintes que l'on subit normalement dans le fonctionnement quotidien sont abolis. C'est une vie prise en charge par une organisation efficace et prospère où l'on bénéficie d'une partie, si minime soit-elle, du pouvoir que détiennent René Angélil et Céline Dion. Quand on se réclame de la chanteuse, une tentation à laquelle succombe la majorité de ceux qui l'entourent, les portes s'ouvrent plus facilement, un restaurant a toujours des places disponibles et, pour les hommes du clan, les filles sont souvent plus faciles à draguer. La fascination qu'exerce Céline Dion sur le public s'exerce *a fortiori* sur ses proches qui louent jusqu'à l'admiration son professionnalisme. D'ailleurs, même ses ennemis irréductibles seraient bien incapables de la prendre en défaut sur ce plan.

Le couple Angélil-Dion règne sur un entourage qui les admire, mais qui les craint également. Leur pouvoir, leur prestige, leur incommensurable succès conduisent ceux qui vivent autour d'eux à tenter d'être à la hauteur de leurs exigences. S'étonnera-t-on que Céline soit davantage crainte que son mari ? Parce qu'elle est plus inatteignable, plus en retrait, isolée parmi le miniclan familial à ses côtés, ses deux sœurs, son beau-frère et sa mère omniprésente, mais aussi parce que, sans elle, rien de cette aventure faite de glamour, de ferveur, d'excitation permanente, d'un bien-être matériel non négligeable, n'existerait. René Angélil aime raconter sans se lasser sa rencontre avec l'enfant de douze ans qui a métamorphosé sa vie. « Elle m'a mis au monde, d'une certaine manière. Sans elle, rien de tout cela n'existerait », m'a-t-il dit le soir du 24 janvier 2009, désignant de la main la cabine de l'avion privé dans lequel nous nous envolions de Miami à Palm Beach après le concert. Chaque membre de l'entourage, chacun à sa façon, vit une partie du rêve devenu réalité de Céline Dion. Cela explique peut-être que personne autour d'eux n'oserait porter un jugement critique sur ses prestigieux employeurs, de peur, sans doute, d'être tenu à distance, une position difficile à tolérer dans l'environnement affectif créé par le couple Dion-Angélil. En ce sens, la fidélité semble une exigence incontournable pour quiconque désire entrer dans leur intimité professionnelle. Quant à leur vie privée, contrairement aux apparences médiatiques, elle échappe aux regards même les plus perçants, et personne de l'entourage n'y a accès.

Vivre sous le regard des autres

Céline Dion et René Angélil ont fait ce choix hautement risqué de vivre sous le regard des autres. Leur conception de la vie privée n'exclut pas, à certaines périodes, une présence quasi constante de caméras autour d'eux. Ce fut le cas lors de la tournée mondiale, lorsque des caméras les ont filmés jour et nuit parfois, en public et en privé, en vue du DVD que s'arracheront les fans du monde entier. Un photographe officiel fit également partie de l'entourage rapproché, et rares furent les moments où Céline ne fut pas mitraillée par celui-ci devenu son ombre.

Les impératifs du marketing qui obligent la star à se plier aux exigences de la médiatisation actuelle n'expliquent pas à eux seuls ce que certains qualifieraient de désir exhibitionniste du couple. « J'ai décidé d'être un livre ouvert, d'exprimer mes sentiments pour m'aider moi-même à les affronter, les comprendre afin de bien les vivre »,

197

explique Céline. Mais il y a aussi chez elle un besoin d'identification avec le public. « Je raconte ma vie peut-être aussi pour donner une chance à d'autres. S'ils savent que je connais moi-même des hauts et des bas, que j'ai des tracas et des soucis familiaux, cela peut les aider. » On pourrait plutôt croire que ces aveux, ces confidences à cœur ouvert lui permettent de garder un contact avec la réalité, cette vie ordinaire qui fut la sienne dans la maison de Charlemagne. Le public répète comme un leitmotiv : « Céline est comme nous », et cette dernière en se livrant sans arrière-pensée affirme : « Je suis comme tout le monde. » Or, Céline Dion, spectatrice de sa propre vie, avouerait-elle le vertige qu'elle doit ressentir à certaines heures de son invraisemblable existence ? Ce besoin de mise en scène, elle jouant son propre rôle sous le regard nullement indifférent des caméras, dépasse les nécessités de demeurer présente dans cet univers du show business qui dévore ses proies, même les plus exceptionnelles.

De la révélation des amours du couple à leur mariage calqué sur celui des milieux princiers, des maladies de René à l'histoire quasi miraculeuse de la naissance du fils, tout aura été filmé, photographié, raconté de ces épisodes. Sans oublier l'apparition d'une vedette inattendue, Thérèse Tanguay-Dion, devenue célèbre au Québec et dans le monde grâce au réseau des fans de la star. La mère a même publié un livre, fascinant d'ailleurs, où elle raconte à travers son parcours la vie des pauvres et vaillants habitants du Québec d'antan. René Angélil à son tour fait paraître en 2009 un ouvrage où il s'explique sur sa passion dévorante pour le jeu. La famille Dion est apparue au grand complet dans l'émission-événement d'Oprah Winfrey, l'animatrice la plus influente de la télévision américaine. Les malheurs qu'ont affrontés les membres du clan Dion, la mort de la nièce atteinte de fibrose kystique, l'accident qui a rendu un neveu paraplégique, sont partagés avec le public. Le livre est ouvert, mais cela donne lieu aussi à des réactions de méfiance. De la part des médias à la recherche de faits croustillants à rapporter. De la part également d'un public blasé qui ne s'intéresse qu'aux déboires des personnalités publiques. Céline Dion se souvient d'une journaliste américaine à qui elle avait accordé une entrevue et qui la rappela à plusieurs reprises pour lui poser davantage de questions. Elle expliqua à la star que l'éditeur de son journal n'était pas satisfait parce qu'il estimait le contenu de l'entretien trop inoffensif. Céline Dion demanda alors à la journaliste plutôt mal à l'aise ce qu'elle voulait savoir exactement. « Vous êtes-vous déjà disputée avec votre mari ? Avez-vous un jour frappé quelqu'un ? Est-ce que vous avez déjà mis une personne à la porte ? » Et Céline d'ajouter : « Je l'arrête et lui dis : "Excusez-moi. L'histoire que je vous ai racontée depuis une semaine est la mienne. Je ne me défonce pas la gueule tous les soirs... Je ne fréquente pas les boîtes de nuit, je ne me drogue pas et je ne cours pas la galipote. Je ne vais donc pas changer ma vie, ni me réinventer pour faire vendre votre magazine." Pourquoi les gens s'attardent-ils à essayer de trouver la bête noire ? » me demande Céline. Pourtant, elle ne devrait pas ignorer que le public se transforme en voyeur de la vie des gens célèbres et qu'il se passionne pour les scandales dont ils sont l'objet. Ce qui attire tant de critiques négatives de la part d'une certaine presse est précisément le fait de l'exposition volontaire d'une vie trop conte de fées pour être réelle aux yeux des sceptiques. Plus Céline parle de son fils, de son amour pour son mari, du bonheur que représente sa grande famille, plus le doute s'installe dans l'esprit d'observateurs dubitatifs. Mais en même temps, cette profusion de confidences entretient la ferveur des fans et des millions de gens qui retrouvent en elle ce qu'ils recherchent de la vie. Non pas l'argent et la gloire, car ils ne sont pas dupes des contraintes qu'ils entraînent. Non pas la notoriété universelle, puisqu'elle interdit l'anonymat auquel la plupart des gens aspirent, mais plutôt l'amour qui dure, la fidélité, la simplicité et l'affection des proches.

Pourquoi Céline Dion consent-elle si facilement à parler d'une manière ouverte, à laisser les médias pénétrer dans son intimité, à exposer son fils au public, permettant ainsi aux esprits sarcastiques de la caricaturer ? Telles sont les interrogations que l'on peut légitimement formuler. La benjamine du clan Dion ne se lasse pas de raconter ses premières prouesses de chanteuse, debout sur la table de la cuisine devant ses frères et sœurs, son premier public. Elle avait quatre ans, et le regard admiratif et aimant de ces fans lui a fait découvrir une émotion qu'elle a voulu revivre. Lors du mariage de son frère Michel, elle affronta un public composé en partie d'inconnus et vécut son premier trac d'artiste. Elle avait cinq ans, et l'expérience lui confirma son désir de faire un métier sous la lumière. Ce public, elle ne cessera de le rechercher, de l'élargir pour se retrouver devant des foules de centaines de milliers de personnes dans les stades de la Terre et de centaines de millions de gens qui auront acheté ses CD. Si étrange que cela puisse paraître, Céline Dion aborde le public non pas comme une entité anonyme mais en donnant l'impression qu'elle s'adresse à chacune des personnes. Elle établit ainsi avec les autres une relation de même type que celle avec ses frères et sœurs. Ce qui donne le sentiment à tous ceux qui l'approchent qu'elle est non seulement comme eux mais près d'eux. À la manière de ces chefs charismatiques, héros populaires, Céline Dion possède le talent instinctif de se placer au niveau de l'interlocuteur, au point de lui donner l'impression qu'ils se sont toujours connus. Au cours des « *meet and greet* », nombre de fans de la chanteuse ou de personnalités locales ont été séduits par son authenticité. Combien de fois à travers le monde n'ai-je pas entendu après cette brève rencontre l'un ou l'autre dire : « Je pourrais être amie avec elle », « On aurait tant de choses à se dire », « Je sens qu'elle m'a comprise » ? Or, ces personnes n'ont pu échanger que deux ou trois mots avec Céline Dion. Mais durant ces quelques secondes, elle s'est comportée avec chacun comme si elle était seule avec lui. Si bien que ce rituel qu'on pourrait croire source de toutes les frustrations produit l'effet contraire. Les gens en ressortent plus convaincus encore de la simplicité et de l'authenticité de la star.

Pourquoi Céline Dion accepte-t-elle de se prêter à cet exercice contraignant de relations publiques juste avant de monter sur scène, même les soirs où on la sait épuisée ? Pourquoi accepte-t-elle ces conférences de presse, de Londres à Dubaï, du Cap à Osaka, au cours desquelles elle doit répondre encore et toujours à des questions sur son amour pour René, la longueur des cheveux de René-Charles, sa minceur, son goût effréné du « magasinage » ? Ne souhaite-t-elle pas toutes ces questions qui sont autant de portes ouvertes sur sa vie qu'elle consent à révéler au public ? Et qui, de René Angélil ou de Céline Dion, est le plus enclin à accepter cette mise à nu ?

« Sur cette question, Céline et moi sommes cent pour cent d'accord », dit René. « Je dois tout ce que je suis au public. C'est lui qui me fait vivre, c'est lui qui me permet de m'acheter ce bracelet », dit-elle en désignant la merveille en diamants qu'elle porte autour du poignet droit. Difficile à vrai dire de saisir les motivations plus profondes de cet étalage sans faire référence à la psychologie, voire même à la psychanalyse, ce qu'on ne peut s'autoriser ici. Mais serait-il possible que le besoin du couple de se mettre en scène, de théâtraliser sa vie, réponde à l'angoisse de disparaître ? Comme si la caméra braquée sur la vie quotidienne leur assurait une forme d'immortalité. Comme si partager les drames, les malheurs, les bonheurs et les plaisirs innocents avec des millions de personnes atténuait le choc des premiers et augmentait l'intensité des seconds. Notre époque, grâce à la technologie, transforme la notion même d'intimité. Plus personne n'est à l'abri non seulement du regard mais de la caméra de l'autre. Le phénomène Facebook marque une rupture avec une certaine conception de la vie privée. Chacun se présente à la manière d'une star, souvent sans pudeur, devant la planète sur la toile. En ce sens, Céline Dion et René Angélil ont été des précurseurs de cette évolution. Mais il serait erroné de croire que Céline Dion se dépossède elle-même en parlant comme elle le fait. Il y a un aspect stratégique dans l'approche du couple avec les médias. En racontant sa vie personnelle, la star la transforme de ce fait en vie publique derrière laquelle elle peut protéger sa véritable intimité. Elle évite aussi d'être la proie des paparazzis dont on connaît l'appétit pour les stars qui les fuient. De plus, il faut croire que la vie rangée du couple excite peu les chasseurs de scandale.

Il est fascinant d'observer Céline Dion en présence des caméras. Durant la tournée, on l'a dit, un cameraman l'accompagnait dans des moments intimes où elle échangeait avec son fils, sa mère ou des amis très proches. Contrairement à ceux qui partagent ces moments avec elle et que la caméra incommode, c'est le cas de sa mère par exemple, Céline conserve le contrôle face à cette présence. En l'observant avec attention, on note une légère emphase dans le ton, un langage corporel plus appuyé, bref, une conscience de tous les instants d'être en représentation. Le plus étonnant demeure la façon dont la star transforme la situation à son avantage. Il semble évident qu'elle s'assure que le scénario soit pertinent. Le cameraman de la tournée, Jean-François, un garçon timide et délicat, semblait être devenu le double de Céline. Son extrême discrétion lui facilitait certainement la tâche, si bien que la star n'a jamais semblé éprouver quelque humeur à le retrouver à ses côtés. Elle l'avait en quelque sorte intégré à sa propre personne. Ce qui ne l'empêchait pas de jouer devant l'objectif, et avec un naturel qui pouvait désarçonner son interlocuteur moins enclin à parler vrai devant une caméra perçue comme intrusive.

J'ai vécu moi-même cette expérience à quelques reprises au cours du long périple où je me suis retrouvée dans des tête-à-tête avec Céline. Il est peut-être pertinent de souligner que les caméras me sont familières après plus de trente ans de présence continue à la télévision, mais certains échanges avec Céline sur un mode beaucoup plus intime ont surgi de façon inattendue au cours d'une conversation au départ plus générale et il me fut impossible de tolérer la présence de la caméra. J'éprouvais un malaise qu'a saisi le cameraman au point d'éteindre lui-même sa caméra et de se retirer. C'est ainsi que j'ai pu constater que je n'étais pas sur la même longueur d'onde que Céline en matière de tolérance face à la vie privée. Mais en même temps, une fois seule avec elle, je fus à même d'observer chez Céline un changement subtil. Une façon de reprendre le propos avec une retenue et une pudeur supplémentaires. Elle avait ouvert l'autre livre de sa vie. Sa vie non plus privée, à son sens si extensible, mais plus secrète, celle qui lui appartient en propre, celle qu'elle partage exclusivement avec ceux qu'elle choisit avec la méfiance qui la caractérise.

Certains personnages publics ont tendance à se plaindre du regard posé sur eux, dans un effort pour masquer leur dépendance à ce qui pourrait se comparer à une drogue. Car ce regard de l'autre, tel le miroir, renvoie à sa propre image encore et toujours. Ils sont nombreux, ceux qui ne croient exister que grâce à ce regard extérieur auquel ils finissent par être accros. Le monde des stars est encombré de gens au départ sympathiques ou peu assurés qui ont perdu la tête, noyés dans leur narcissisme. À vrai dire, Céline Dion appartient à une race à part parmi tous ces gens célèbres et célébrés qui ne résistent pas à faire l'équation entre leur talent, leur notoriété et une forme de supériorité. L'image que renvoie la chanteuse, sa vie qu'elle expose, sa perception de l'autre, la placent au cœur de son propre mythe. « J'aime qu'on m'attende à la porte des stades, j'aime voyager en avion privé, être escortée par des voitures de police aux gyrophares allumés, entendre le murmure des gens sur mon passage. J'aime qu'on aime mon fils, mon mari, ma mère », me dira la star sur le ton de quelqu'un conscient de prononcer des paroles provocantes. En assumant les retombées de son statut de célébrité mondiale, en acceptant les conséquences parfois peu enviables de sa décision de « tout » dire à son public, Céline Dion ne croit pas être victime de son métier. À ses yeux, il s'agit d'offrir à ses admirateurs une partie infime de ce qu'elle estime leur devoir. Dans la culture du show business, elle se sait marginalisée et préfère le jugement populaire à celui du milieu auquel elle affirme ne pas appartenir. Vivre sous le regard de ceux grâce auxquels chaque jour elle connaît l'opulence, la notoriété, non pas pour ses frasques mais pour son talent, le plaisir d'être admirée et respectée, est sa façon de renvoyer l'ascenseur. Du moins, elle l'explique ainsi.

La chanteuse ne semble donc pas accablée par cette contrainte permanente d'exister à travers l'image qu'elle renvoie d'elle-même et que le public lui renvoie à son tour. De façon paradoxale, Céline Dion est incapable de supporter sa propre image, qu'il s'agisse de ses concerts, de ses films ou de sa présence dans les médias. « Je ne peux pas me regarder à la télévision ou sur des DVD. Je l'ai fait au début de ma carrière et c'était nécessaire pour me permettre de corriger mes erreurs. Mais aujourd'hui, me regarder chanter ou donner des entretiens me plonge dans tous mes états. Ça m'angoisse, je fais de l'hyperventilation. En fait, je réagis si fort que ça me fait peur », m'a-t-elle confié une nuit dans l'avion qui nous ramenait de Tulsa en Oklahoma à Palm Beach en Floride après un concert où, encore une fois, elle s'était surpassée en dépit de son asthme. La nuit pour Céline Dion est une période de clairvoyance où elle se retrouve telle qu'en elle-même. « Pourquoi cela me fait-il peur, croyez-vous ? » La question, elle se la posait à elle-même, à vrai dire. « Il y a quelques jours,

René m'a dit : "Viens te voir. C'est le DVD du concert sur les plaines d'Abraham (en août 2008). T'es fantastique." Je lui ai dit : "Non René, je me sens mal." J'étouffe à l'idée de me revoir, mais même lui ne comprend pas ! » « Qu'est-ce qui vous fait si peur ? » ai-je demandé tout en n'ignorant pas cette réaction qu'éprouvent de nombreux artistes ou personnalités qui exercent leur métier devant les caméras. « Je ne peux pas me revoir en spectacle, car ça me ramène aux émotions que j'ai ressenties alors. Je sais les efforts que j'y ai investis et je ne veux pas les vivre de nouveau, ça me bouleverse trop. »

Vivre sous le regard des autres semble donc plus facile à la chanteuse que de vivre sous son propre regard. Ce qui pourrait indiquer que l'image que le public lui renvoie est préférable à ses yeux à celle qu'elle découvre dans son propre miroir. À cela s'ajoute, lorsqu'elle visionne ses performances passées, un vertige suscité par la conscience du travail titanesque qu'elle a accompli. Comme si elle se sentait écrasée par le poids de ces années multipliées où elle n'a existé que pour et par le travail, limitant de ce fait son désir inavoué et inavouable de posséder son espace. Un espace où tout s'arrête et où elle s'appartient elle-même. Le travail engourdit l'angoisse, nous enseigne la psychologie. Il faut donc en conclure que Céline Dion, « si simple, si naturelle et si à l'aise en public », est une femme rongée d'angoisse. Au sommet de la gloire, l'oxygène est raréfié et l'on peut comprendre que les efforts pour y parvenir laissent des séquelles.

Céline Dion ne vit pas que sous le regard du public. Sa vie personnelle, privée, se déroule aussi sous le regard de quelques personnes choisies pour la plupart par elle. La chanteuse a vécu son enfance et son adolescence entourée quasi en permanence par sa mère et le cadre de sa vie d'adulte s'est transformé en un clan dès les premiers succès. Très jeune mariée, elle a partagé sa demeure avec sa belle-fille adolescente auprès de laquelle elle a joué un rôle de grande sœur protectrice. Lorsqu'on lui pose la question, elle reconnaît qu'elle n'a jamais vécu seule. Depuis la naissance de son fils, sa sœur Linda et son mari partagent sa vie. René Angélil en fait lui-même le constat. « À partir du moment où Céline a été mère, il était obligatoire qu'elle ait une personne à ses côtés, sans cela elle n'aurait pas pu être mère et continuer sa carrière de chanteuse en même temps. » Cette explication convaincra toutes les femmes confrontées à ce problème épineux du partage famille-travail. Quant à Céline, elle renchérit : « Ma sœur Linda est la seule personne à qui je peux confier mon fils en étant en paix. Elle est mes yeux. » Or, il est bien connu que la chanteuse a toujours limité les moments passés hors de la présence du petit garçon, si bien que les huit dernières années ne lui ont pas permis de s'aménager des plages de temps personnelles. « Je n'aime pas me retrouver seule, me dit-elle. Il m'arrive quelquefois d'aller faire des courses, seule (avec un garde du corps, sécurité oblige) mais très vite, j'éprouve le besoin de revenir à la maison. Je me dis : "Qu'est-ce que je fais ici ?" Je me sens presque coupable, alors je retourne chez moi. »

Céline Dion est parvenue à un âge où la plupart des femmes revendiquent une liberté pour elles-mêmes. N'a-t-elle pas déclaré : « J'ai confiance en moi. Je sais ce que je veux désormais » lors de son quarantième anniversaire, le 30 mars 2008 à Sydney ? Il est indéniable qu'au moment où elle fait ces remarques la star y croit sincèrement. Mais en public elle exprime souvent des sincérités successives, parfois contradictoires. Qu'elle ait confiance en elle, on peut le constater facilement en la côtoyant. Consciente de ses capacités de chanteuse, de son impact populaire, la femme de quarante ans possède le contrôle de sa vie professionnelle. L'image qu'elle présente devant les médias est à des années-lumière de celle qu'elle donnait plus jeune. En ce sens, Céline Dion s'est transformée sous le regard des autres. Sa vie est une réalité non pas fictive mais mise en scène, même émotionnellement. Car la chanteuse s'anime grâce à la présence extérieure.

Elle vit de cette présence. Mais derrière sa carapace translucide, comme elle la désigne de façon si imagée, une autre femme émerge, infiniment moins lisse, inquiète, vulnérable, encore renversée de cette gloire qui l'habille.

La vie d'une mégastar

Quel que soit l'endroit, la présence de Céline Dion, on le sait, crée l'événement. Impossible pour elle de se promener dans la rue, et ce partout dans le monde. Impossible également de se déplacer sans prendre le risque d'un attroupement un peu trop bruyant. Certes, le public de Céline Dion ne correspond pas à celui des rock stars, composé en partie de jeunes imbibés, sous influence et que ne rebutent pas les échauffourées voire les coups. Mais l'enthousiasme de ses fans, un réseau international d'une efficacité remarquable, doit être contenu. En même temps, la chanteuse, par sa disponibilité à signer des autographes, se laisser photographier avec les uns et les autres, encourage cette agitation autour d'elle dès qu'elle met le pied dehors.

Sa vie ressemble à un enfermement doré duquel elle s'extrait uniquement par obligation. Et son rapport aux autres est totalement altéré du fait de sa célébrité. On ouvre les boutiques après les heures de fermeture afin qu'elle puisse « magasiner » en paix, une passion chez elle qui pourrait s'apparenter au jeu pour son époux, et même l'école que fréquentera son fils en septembre 2009 consent à la recevoir à sa demande afin qu'elle puisse s'assurer que l'atmosphère qui y règne correspond à sa conception de la pédagogie. Il faut se rappeler que l'école fut pour Céline Dion une période traumatisante de sa vie, ce qui expliquerait sans doute sa méfiance à l'égard du système scolaire. Bref, partout et quels que soient les lieux et les circonstances, la star reçoit un traitement de faveur. Les gestes de la vie quotidienne dans un tel encadrement relèvent de la mise en scène où elle joue le rôle qui lui est assigné. Malgré tout, Céline Dion réussit à briser le protocole contraignant par une attitude et un comportement qui trahissent sa nature profonde. À Paris, en mai 2008, chaque après-midi, comme dans la plupart des villes où elle se produit, le cortège de limousines dans lesquelles prennent place la chanteuse, son mari et l'entourage rapproché était encadré par des motards de la gendarmerie nationale. Traverser Paris sous escorte policière à une heure de pointe est une expérience qui relève des films de poursuite automobile. Et les gendarmes français sont maîtres dans cet art de dégagement de la voie à des vitesses défiant la prudence. En arrivant à Bercy, Céline Dion et René Angélil se sont extraits de leur voiture et Céline, suivie de son mari, s'est dirigée non pas vers sa loge mais vers les deux gendarmes, un homme et une femme, qui avaient précédé le cortège en zigzaguant avec brio. Le couple leur a serré la main et Céline a échangé durant quelques minutes avec eux. Les deux gendarmes, visiblement impressionnés, ne s'attendaient guère à ce geste. « J'ai acheté un billet pour son concert il y a un an. Jamais je n'aurais cru vivre ce moment », m'a dit la gendarme, encore sous le coup de l'émotion. Et son collègue d'ajouter : « Vous savez, madame, j'ai escorté de nombreux chefs d'État, des ministres et des stars de tout genre. C'est une des rares fois en vingt-cinq ans de carrière où l'on me remercie avec une poignée de main. Je suis très touché. Elle et son mari sont des gens bien. »

Cette anecdote est révélatrice de la façon dont la star réussit à briser la rigidité de l'encadrement dans lequel se déroule sa vie publique. Afin d'échapper aux pièges de cette vie artificielle où tout est planifié à l'extrême, chaque événement comme chaque déplacement, et ce pour des raisons de sécurité avant tout, la star éprouve le besoin de casser cette barrière derrière laquelle on la place afin d'y introduire une dimension personnelle sans laquelle elle se sentirait instrumentalisée. Ce sont ces contacts qu'elle sait si bien établir qui la protègent de l'isolement ou la mettent à l'abri de la tentation de se croire au-dessus des autres, au-dessus des règles, au-dessus des codes sociaux qui régissent la vie des anonymes. Le piège dans lequel tombent la plupart des gens riches et célèbres est de confondre les privilèges et des droits acquis. D'ailleurs, ce travers se retrouve aussi chez des gens peu riches et peu célèbres mais qui ont soudain accès à quelques passe-droits en vertu d'un pouvoir même limité. C'est pourquoi Céline Dion demeure une star atypique. Elle n'a pas perdu la tête devant la reconnaissance populaire, l'adoration des fans, l'admiration des grands de ce monde. La femme fascine à cause de l'aisance avec laquelle elle réussit à oublier celle à qui on rend des hommages permanents, cette autre qu'il lui arrive d'observer comme une étrangère. Ce dédoublement, source d'anxiété pour elle, accentue sa solitude. Qui peut comprendre son désarroi ? Sa mère probablement, puisqu'elle est la seule devant laquelle la star perd ses attributs. L'admiration que René Angélil porte à sa femme et qui colore son amour pour elle ne s'accommode pas d'une démythification de celle-ci. René Angélil aime la star, il s'éblouit de ses succès, les privilèges qu'elle en retire le grisent et l'excitent. Seule Thérèse Dion garde la tête froide. L'amour qu'elle éprouve pour son bébé est, à vrai dire, détaché de toutes ces contingences. On peut même penser que pour la star, le regard de sa mère posé sur elle est le seul qui la rassure et l'apaise.

La vie d'une mégastar

Une des contraintes auxquelles échappe la star est bien sûr l'argent. Céline Dion gagne énormément d'argent. Grâce à elle, plusieurs personnes se sont enrichies, son mari au premier chef. Sans ce dernier, la chanteuse aurait-elle atteint le sommet de son succès ? Aurait-elle été protégée de tous ces profiteurs qui entourent les stars du show business ? Aurait-elle pu ignorer les attaques au vitriol des uns, les critiques malveillantes des autres, que René Angélil a su soustraire à sa connaissance ? N'aurait-elle pas connu la trahison ou l'exploitation financière des proches collaborateurs, comme c'est le cas dans la vie tourmentée de plusieurs stars ? En ce sens, la chanteuse a trouvé en René Angélil l'homme qui l'a aidée à franchir les nombreuses étapes d'une carrière aujourd'hui à son zénith. Il en est le premier bénéficiaire, mais l'opulence qu'ils partagent est aussi de son fait. D'ailleurs, Céline Dion qui possède le contrôle sur sa carrière depuis plusieurs années sait distinguer la réalité des mythes qui circulent. Jamais la star ne renierait l'apport de son mari à sa fortune personnelle. La solidité du couple est aussi un facteur de stabilité permettant à la chanteuse de vivre selon ses moyens.

Céline Dion ne recule pas devant la dépense. Elle dépense sans compter, pour elle mais aussi pour les autres. La femme est prodigue. Elle dévalise les boutiques des grands couturiers, les joailliers

217

l'encensent, car l'or et les diamants l'attirent comme un aimant attire le fer. On peut regretter son peu d'intérêt pour la peinture puisqu'elle pourrait s'offrir des toiles de peintres célèbres. Mais la petite fille de Charlemagne n'est jamais loin de la star et ce parcours esthétique n'est pas le sien. Sa frénésie de consommatrice peut sembler choquante aux yeux de certains, mais Céline Dion n'éprouve pas de complexe à cet égard. Pourquoi se sentirait-elle coupable, alors qu'elle donne très généreusement une partie de ses revenus à des organismes divers, en priorité ceux qui se consacrent au bien-être des enfants ? Chaque star choisit ses causes, et Céline Dion ne fait pas exception à la règle. Si une partie de cette activité philanthropique et charitable est médiatisée, d'autres demeurent discrètes, à l'abri des caméras. Car Céline Dion est sollicitée de toutes parts par des organismes, mais aussi des milliers de particuliers, comme si chacun se croyait en droit de recevoir une parcelle, si infime soit-elle, de sa fortune.

C'est exactement ce qui se passe au sein de sa famille où Céline Dion joue le rôle de pourvoyeuse d'un certain nombre de ses membres. Sujet délicat, certes, mais le statut de star oblige. En promettant à sa mère qu'après sa disparition elle assurerait le bien-être de ses frères et sœurs, Céline Dion s'est imposé une responsabilité qui n'était pas la sienne. Que certains membres par leurs demandes surprenantes tentent de la culpabiliser apparaît comme une évidence. Que quelques-uns aient le réflexe de dépendre d'une certaine façon de leur jeune sœur, cela semble indéniable. Mais la star est lucide. Sa vie laborieuse l'a mûrie prématurément. Sa gloire l'a éclairée sur la nature humaine. Céline Dion connaît les failles des uns, les faiblesses des autres, l'envie et la jalousie des uns et des autres. Prenant exemple sur sa mère, elle ne se voit pas comme victime. Elle devine les arrière-pensées et elle se tait, tout en agissant selon ses propres désirs. Par solidarité familiale, et par affection ne l'oublions pas, elle partage une partie de ce qu'elle possède, faisant du même coup vivre ses frères et sœurs dans le sillage de son propre statut.

Si l'argent rend fou, la star a échappé à la règle. Mais saurait-elle vivre sans tous les attributs de la richesse ? Sans doute pas. Tout cet argent l'a-t-il dénaturée ? En l'observant attentivement, rien n'est moins sûr. À la voir circuler, reine sous le regard des autres, s'engouffrant dans les limousines, descendant les marches de l'avion privé avec la même nonchalance que ceux qui descendent d'un bus, traversant les douanes dans les aéroports du monde entier sous le regard admiratif des douaniers, on aurait tendance à croire que cette vie glamourisée éloigne définitivement de la réalité. Qu'on y perd les repères nous rattachant aux êtres. Que cette façon de vivre engourdit la conscience, rend imperméable aux doléances des autres, réduit la capacité d'empathie sans laquelle on s'endurcit. Comment la star réussit-elle à échapper à ces embûches, à conserver le respect de l'autre, à s'oublier elle-même, à garder un sens de l'humour et à pratiquer l'autodérision ?

Céline Dion se méfie de la star, en quelque sorte. À plusieurs reprises, elle m'a confié le malaise qu'elle ressent devant des comportements de fans. « Certains me mettent des bébés dans les bras comme si j'étais mère Teresa. D'autres me touchent d'une manière spéciale et j'ai envie de leur dire : "Je ne fais pas de miracles. Je ne guéris personne." » Ces expressions du culte qu'elle inspire, la chanteuse ne les recherche ni ne les apprécie. Au contraire, elle les craint. Mais elle assume ce qu'elle est devenue, ce qui fait d'elle un personnage plus complexe et contradictoire que l'image qu'elle projette. La renommée l'a profondément transformée, mais n'a pas brisé à l'évidence la part d'elle-même sans laquelle elle ne se reconnaîtrait plus.

L'insistance obsessionnelle de la chanteuse à prétendre être comme tout le monde révèle des peurs compréhensibles. Celle de blesser sa fratrie, d'être rejetée par elle, celle de trahir ses racines modestes et le Québec qui l'a mise au monde professionnellement. Quiconque s'éloigne de son milieu d'origine garde un malaise souvent inavoué à vivre dans un monde étranger à celui qu'il a connu. L'universitaire dont les parents sont quasi analphabètes peut souffrir des barrières intellectuelles qui le séparent de ses parents aimés et respectés par ailleurs. Une forme de culpabilité peut être ressentie par ceux dont la vie sociale et matérielle marque une rupture avec leur enfance. La magnanimité de Céline Dion à l'endroit de sa famille s'explique-t-elle également par un sentiment de culpabilité ? Peut-on croire que cette vie sans obstacles matériels, sans les contraintes sociales auxquelles tout le monde est soumis, paraît normale à la star ? « Je suis une femme normale qui vit une vie anormale. » Telle est sa réponse. Et il semble impossible de mettre en cause sa sincérité. La star ne déteint pas sur la femme inquiète, habitée d'ombres, consciente à l'extrême de la fragilité de la vie. Si elle dégage une invulnérabilité, une puissance sur scène, une énergie redoutable, si lors de ses sorties publiques elle apparaît rayonnante, contrôlant toutes les situations, il faut la voir derrière le décor de cette vie de représentations. Dans l'ombre se tapit une femme souffrante, dont le corps ne cesse de protester, car il y a un prix physique à payer pour demeurer au sommet de sa gloire. Céline Dion éprouve donc de nombreux malaises physiques.

Des douleurs au cou, au dos, des étourdisse-
ments, des tensions qui se rappellent à elle de
façon quasi permanente. Sa voix aussi proteste,
devenant une obsession de tous les moments. Sa
gorge également lui crée des soucis, de même que
l'asthme, cette calamité pour une chanteuse.
Céline Dion à travers son corps subit les contre-
coups de la star défiant la maladie et ultimement
la mort.

Pour se rassurer, la star et son mari s'entourent
de médecins. Lorsqu'on vit dans la frénésie, que
grâce aux privilèges que l'on nous attribue on
repousse la notion d'impossible, seule la maladie
représente un frein. Les médecins, ces sorciers
modernes, deviennent un rempart contre les défec-
tions physiques. Si la chanteuse ne chante plus, sa
vie de star perd en quelque sorte de son sens. La
science médicale, les soins apaisants du corps, ces
massages maternants, sont mis à contribution pour
assurer la continuité de cette vie anormale sans
laquelle la star ne serait qu'une chanteuse à la voix
exceptionnelle.

Et une star sans fans n'en est plus une. Les fans
représentent l'avant-garde du public. Ceux de
Céline Dion sont dispersés à travers le monde et
leur lieu de rassemblement se trouve sur Internet.
La machine promotionnelle derrière la star nourrit ces troupes enthousiastes en leur fournissant

du matériel parfois inédit. Lors de la tournée mondiale, ils étaient là, vigiles devant les hôtels où descendait leur idole, aux abords des stades où elle se produisait, devant les grilles des aérogares privés où l'avion se posait et décollait tard le soir après les concerts. Les fans du Mexique apprennent le français pour comprendre les paroles des chansons. Ils se réunissent régulièrement pour pratiquer la langue. À l'aéroport de Shanghai, un groupe de jeunes Chinois m'ont interpellée et se sont mis à chanter la chanson *La Diva* que j'ai écrite pour Céline Dion. En France, les fans se connaissent, se fréquentent et se déplacent jusqu'à New York, Prague et Montréal pour revoir leur idole. Aux Philippines, des filles du fan club s'habillent en Céline Dion. Et aux États-Unis, les fans se perpétuent de mère en fille. Enfin, une star ne peut prétendre à ce titre sans un fan club gay. Celui de Céline Dion est planétaire. Dans tous les pays visités, des fans gays, jeunes pour la plupart, lui font fête. « Elle me bouleverse », m'a dit Chan le Pékinois. « Elle a un corps de sirène », assure Sean l'Australien. Céline Dion envoûte ses fans gays. C'est la diva, la chanteuse mythique, la femme inatteignable, à leurs yeux, qui les attire. Tous les fans sont en quelque sorte l'âme de la machine Céline Dion. Ce sont eux qui par Internet entretiennent la flamme sans laquelle la chanteuse perdrait de son rayonnement. Quant aux admirateurs qui composent le public le plus permanent de Céline, ils assurent la réussite financière de l'entreprise en achetant les disques et tous les produits dérivés, T-shirts, foulards et autres objets signés Céline Dion. Ce sont eux qui permettent de remplir les stades. Derrière la star existe donc une entreprise florissante, créatrice de nombreux emplois directs et indirects. On a pu évaluer les conséquences négatives sur l'économie locale de son départ de Las Vegas. Une baisse de trente pour cent des revenus pour le Caesars Palace et les restaurants et boutiques attenants à l'hôtel. Une star, faut-il le rappeler, est un moteur de l'économie du spectacle. Céline Dion n'ignore rien de cette réalité, elle est consciente de cette lourde responsabilité. On imagine alors la pression supplémentaire sur elle dans les périodes difficiles, par exemple lorsque ses problèmes de voix l'obligent à reporter ou même parfois à annuler des concerts. Cet aspect de son statut échappe au grand public pour qui l'idole magnifiée s'élève au-dessus des contingences, ce qui permet de projeter sur elle les rêves et les désirs de tout un chacun.

La star est également une cible pour des personnes perturbées, ce qui la contraint à vivre sous une surveillance permanente. L'obligation d'assurer sa sécurité physique, de même que celle de son fils et dans une moindre mesure celle de son mari, transforme le rapport aux autres en ajoutant une dramatisation dans les contacts au quotidien. Céline Dion est donc une femme qui court des dangers potentiels. C'est un sujet dont on évite de parler, ne serait-ce que par superstition, car l'histoire des stars n'est pas faite que d'adulation, d'admiration et d'applaudissements. La tragédie peut surgir. Est-il besoin de se rappeler le sort de John Lennon ? Bien sûr, toutes les personnalités publiques sont exposées à ces dangers. Les plus médiatiques, les plus idolâtrées, les plus controversées sont des cibles inévitables pour des esprits dérangés. Céline Dion, malgré l'image positive qu'elle dégage, n'échappe pas à cette dure loi. Elle vit cette réalité en l'assumant encore une fois. Même si elle en rêve probablement, même si parfois elle parle de sa vie future avec son mari et son fils, dans la tranquillité de leur nouvelle résidence à l'abri du regard extérieur, elle ne peut plus circuler normalement sans risques. Et c'est un poids dont la lourdeur se mesure dans le temps. Mais elle ne s'en plaint pas, car la chanteuse ne cherche jamais à attendrir les autres en évoquant les désagréments de son immense popularité. Pourtant, les restrictions compliquent sérieusement sa volonté affichée d'être comme tout le monde. C'est pourquoi l'on découvre chez elle une nostalgie d'une époque qui, à vrai dire, n'a jamais véritablement existé puisque, pendant son enfance anonyme, la petite fille était dévorée de cette passion de chanter qui l'isolait des autres. Si bien que son entrée dans le monde restreint des stars mondiales n'a pas marqué de rupture avec sa vie antérieure mais a plutôt accentué et intensifié une marginalisation dont on peut retrouver l'origine dans le moment où la fillette de trois ou quatre ans, debout sur la table de la cuisine, chantait de sa voix cristalline devant sa fratrie, son premier fan club qui la voyait déjà en star.

Combien de fois n'ai-je pas entendu : « Oh ! Céline Dion, je ne l'envie pas » ou : « Je ne pourrais jamais vivre comme elle » ou : « Cette femme-là est une victime de son ambition » ou encore : « Céline Dion a tout, sauf une vie » ? L'envie, la cruauté ou une forme d'incompréhension expliquent ces réactions. On est tenté de répondre aux envieux et aux cruels : « Soyez rassurés, vous ne serez jamais Céline Dion. » Quant aux autres, ils semblent incapables de comprendre que certains êtres soient habités par une passion dévorante, une soif insatiable de dépassement personnel, un mouvement de l'âme qui les entraîne au-delà de leurs propres limites dans un désir toujours exacerbé de reconnaissance. On ne devient pas « mégastar » de par sa volonté, c'est le regard des autres qui a propulsé Céline Dion à ce sommet.

La vie d'une mégastar

Elle a su assumer ce statut, ce qui lui a permis de se réfugier derrière sa carapace translucide afin que la part d'elle-même la plus authentique et la plus intime sorte indemne de ce désert de gloire où vit une star.

Après une année passée auprès de Céline Dion, qu'ai-je appris que je n'avais pas pressenti ? Tout et rien à la fois. L'énigme demeure entière. Céline Dion – le sait-elle ? – nous attache à elle. Elle commande l'admiration par son obsession de la perfection, cette qualité qui empoisonne sa vie, à vrai dire. Elle déconcerte par son authenticité, elle émeut par son isolement. Elle bouleverse aussi. Elle répète trop : « Je vous aime » en réponse à : « Céline, on t'aime ! », comme si des poussières de doute étaient incrustées au plus profond d'elle-même.

J'avais sous-estimé une chose. Fondamentale. Céline Dion en chantant rend les gens heureux. J'ai pu le constater partout, sur tous les continents. Le public aime l'aimer. Les gens aiment sa voix, qu'elle leur offre sans s'épargner. Ils aiment l'entendre chanter sa vie, qu'ils confondent à la leur. Elle devient la sœur qu'ils n'ont pas eue, la fille dont ils ont rêvé, la femme qui les éblouit et les rassure.

Après avoir atteint l'apogée de sa gloire, Céline Dion rêve d'une vie normale comme d'autres rêvent de notoriété. Mais cette quête insatiable de reconnaissance, comment croire qu'elle peut en freiner l'élan ? Chanter encore et toujours afin de sentir vibrer la foule, l'entendre crier, pleurer, la voir, l'adorer, l'idolâtrer. Comment se priver de cette énergie solaire qui la nourrit ?

Céline Dion est une femme de son époque. Carrière, vie de couple et maternité, elle a voulu tout réussir. Non sans embûches. Non sans douleur. Non sans inquiétude. La gloire n'est guère apaisante. Mais Céline Dion peut-elle l'admettre sans ajouter à l'angoisse sourde qui la consume, cette compagne inséparable de tous les grands artistes ?

Remerciements

À aucun moment, René Angélil n'a tenté d'intervenir dans la rédaction de cet essai. Jamais le gérant et son épouse n'ont eu d'exigences concernant le contenu. Cet essai ne leur a pas été soumis pour lecture.

Je les remercie de cette confiance sans failles.

Merci aux collaborateurs du couple, Sylvie Beauregard au premier chef, qui ont facilité mon travail. Leur serviabilité, leur efficacité, leur empressement, leur discrétion m'ont permis de traverser cette année de tournée sans soucis d'intendance.

Merci à Thérèse Tanguay-Dion et sa famille pour l'accueil spontané et joyeux.

Merci aux membres de la tournée, aux musiciens, aux danseurs, aux gardes du corps pour leur amicale présence. Merci à Patrick Angélil d'avoir répondu à toutes mes demandes avec célérité et amabilité.

Merci à Bernard Fixot pour son enthousiasme et son professionnalisme.

Merci à mon amie Claire Delannoy pour tout.

Merci à Vivian Viviers, ma première et précieuse lectrice.

Merci à Jim d'être à mes côtés, vibrant, sachant partager mes enthousiasmes et calmer mes craintes.

Merci enfin à Céline Dion d'être à la hauteur de son mythe.

Table

Composé par Nord Compo Multimédia
1, rue de Fives, 59650 Villeneuve-d'Ascq

IMPRIMÉ AU CANADA

N° d'édition : 1528/01 – N° d'impression :
Dépôt légal : avril 2009